Musik 1/2

Jo-Jo

Grundschule Bayern

Erarbeitet von

Wolfgang Zeis, Bamberg
Andrea Herzog, Neuendettelsau
Eva Hampel, Amberg
Roland Dauth, Bayreuth
Roland Günther, Marktredwitz

unter Beratung von

Gottfried Furtner, Unterammergau
Karl Füssl, Markt Schwaben
Günter Hofmann, Fürth
Christa Keller, Kitzingen
Robert Leiter, Taufkirchen
Helmut Maschke, Augsburg
Jörg Meier, Edling
Rolf Steidel, Forchheim

Cornelsen

Inhaltsverzeichnis

In unserem Klassenzimmer ist Musik 4–11

Der Herbst ist da 12–19

Wir freuen uns auf Weihnachten 20–27

Im Winter 28–35

Wir verkleiden uns 36–43

Endlich ist der Frühling da 44–49

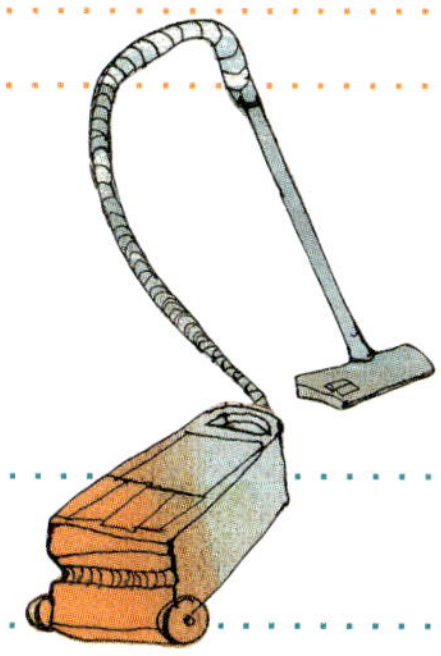

Überall Musik 50–55

Wenn der Sommer kommt 56–61

Musik, Geschichten und Theater 62–70

Liedanhang 71–92

In unserem Klassenzimmer ist Musik

1/2 **Wir rufen uns beim Namen** *M und T: Gerda Bächli*

Singt hier alle Namen aus eurer Klasse:

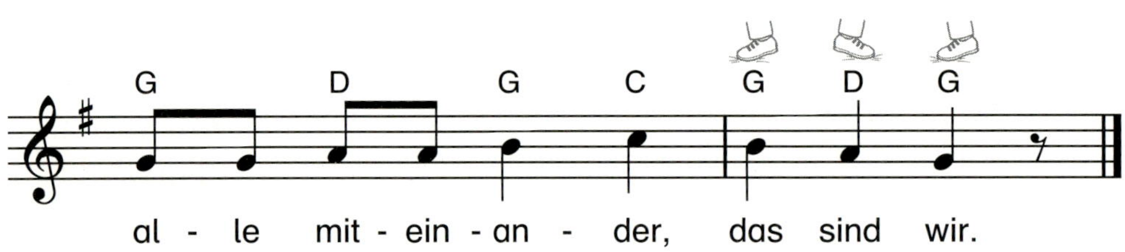

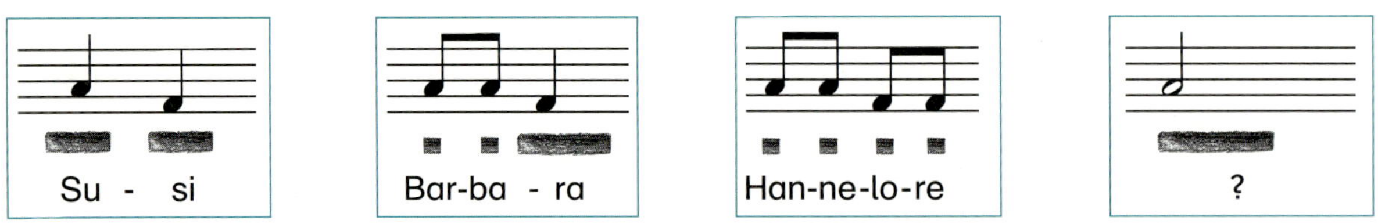

- Sprecht und singt die Namen und klatscht dazu.
- Welche von euren Namen passen zu den Bausteinen?

3

Hallo, hallo, ich bin da

M und T: Ursula Biasin

Füße heben – Hände geben

schnackeln

- Singt und spielt das Lied.
- Fallen euch weitere Strophen ein?

Unser Zimmer klingt

M und T: Gerda Bächli

- In eurem Klassenzimmer gibt es viele Instrumente. Viele sehen gar nicht so aus. Probiert an den unterschiedlichen Gegenständen aus, wie sie klingen. Man kann zum Beispiel darauf tippen, klopfen, reiben …
- Sicher fallen euch viele Rätselspiele ein.

laut

leise

- Spielt eine Zimmermusik.
  Dazu braucht ihr einen Dirigenten.
  An der Tafel steht genau, was gespielt wird.
- Spielt laut oder leise.
  Achtet auf die Hände des Laut-leise-Kindes.

Musik kann laut oder leise sein.

Mit Musik durch den Tag

Guten Tag!

M: Detlev Jöcker • T: Rolf Krenzer

Strophe

Kehrvers

Guten-Morgen-Rap

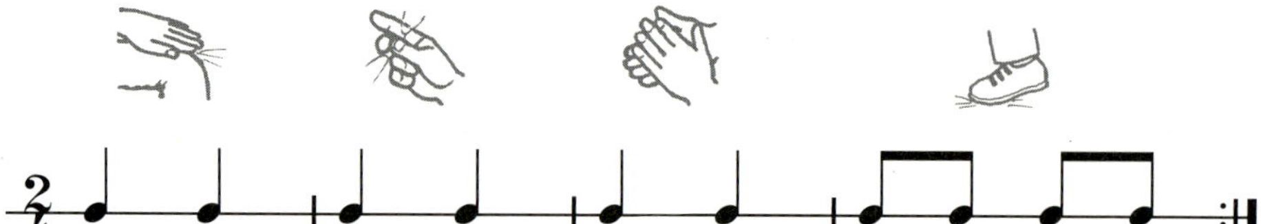

Wo ich gehe, wo ich stehe

Verfasser unbekannt

Wo ich ge - he, wo ich ste - he, ist der lie - be Gott bei mir.

Bass-Xyl.
Metallophon

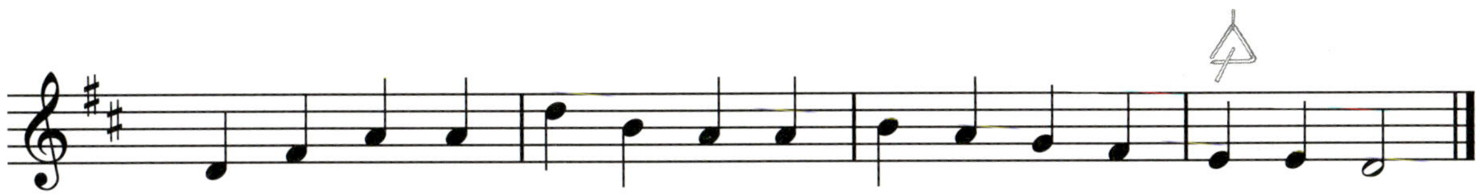

Wenn ich ihn auch nie-mals se - he, weiß ich im-mer: Gott ist hier.

6

Endlich Pause

M und T: Hardl Wiesneth

End - lich, end - lich
Ap - fel, Bir - ne,

Pau - se, an die fri - sche Luft!
Müs - li, holt die Brot - zeit raus!

reden, quatschen …

hüpfen, springen …

Rennen, rasen,
Tempo, stoß mich doch nicht um!

Bestimmt könnt ihr auch einen anderen Text erfinden.

Weil du heut Geburtstag hast

M: Detlev Jöcker / Lele Oppenheimer
T: Rolf Krenzer

2. Weil du heut … groß.
Von dem Kuchen essen wir
ein riesengroßes Stück.
Und wünschen dir
und wünschen dir
von ganzem Herzen Glück.

3. Weil du heut … groß.
Hell brennt das
Geburtstagslicht.
Es leuchtet hell und klar.
Wir wünschen dir,
wir wünschen dir
ein gutes neues Jahr.

Hello, good morning

M und T: Lorenz Maierhofer

Kanon

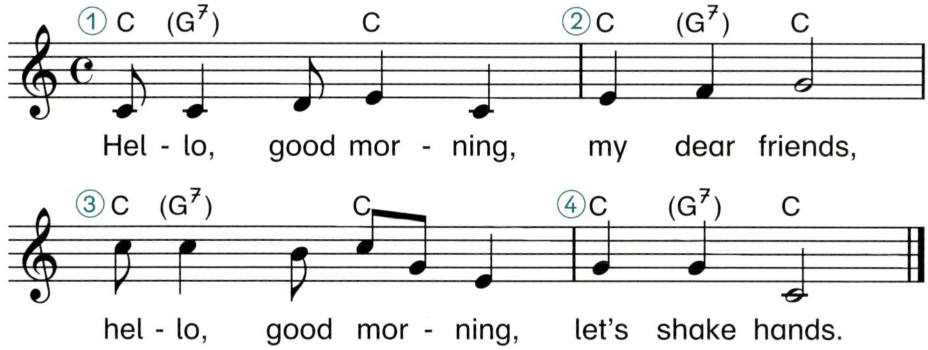

oder: Now say goodbye, my dear friends,
now say goodbye, let's shake hands.

Tschüs bis morgen

Ciao Servus Pfüatdi Ade

eine(r) – alle

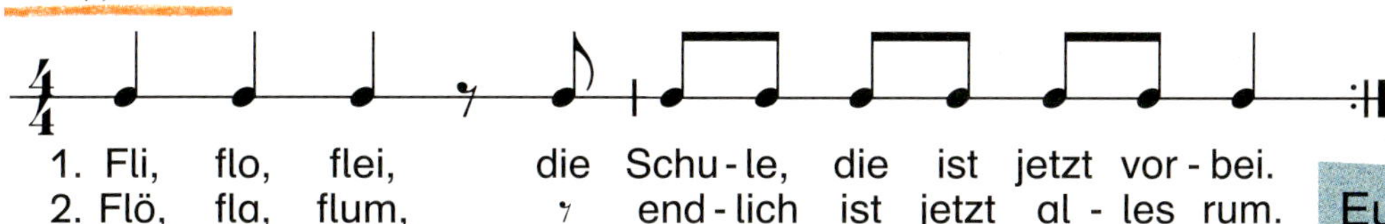

Euch fallen sicher weitere lustige Zeilen ein.

Kehrvers:

- Musik kann laut oder leise sein.
- Lieder haben manchmal Strophen und einen Kehrvers.
- Musik kann man aufschreiben.

Der Herbst ist da

8/9 **Wenn der Sommer fortgegangen** *M: W. Menschick • T: mündlich überliefert*

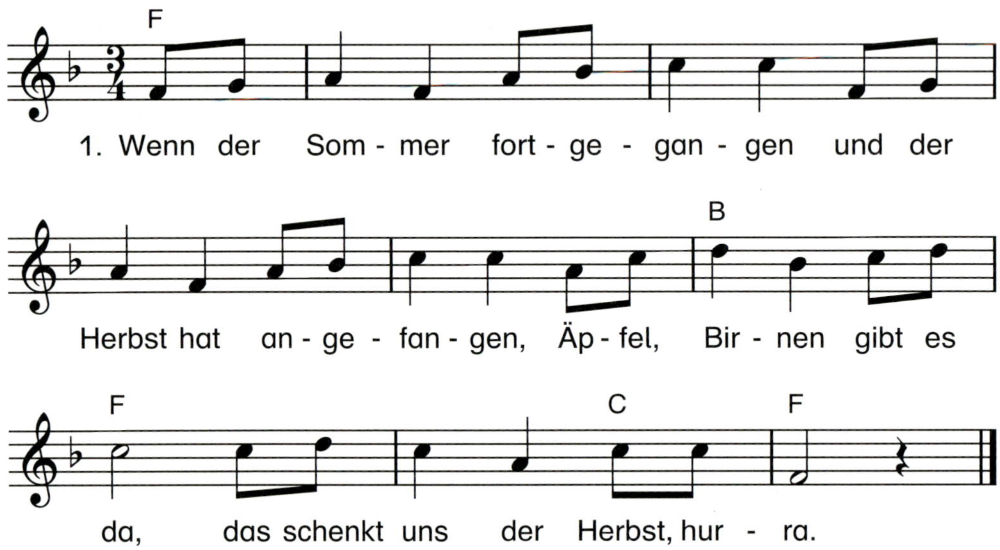

2. Wenn dann gelb und rot die Lauben,
reifen auch die süßen Trauben
und auch Nüsse fallen da,
das schenkt uns der Herbst, hurra.

3. Lässt der Wind den Regen treiben,
müssen wir im Zimmer bleiben,
schmausen ganz gemütlich da,
was der Herbst uns schenkt, hurra.

Wenn der frische Herbstwind weht

M: Richard Rudolf Klein
T: Albert Sixtus

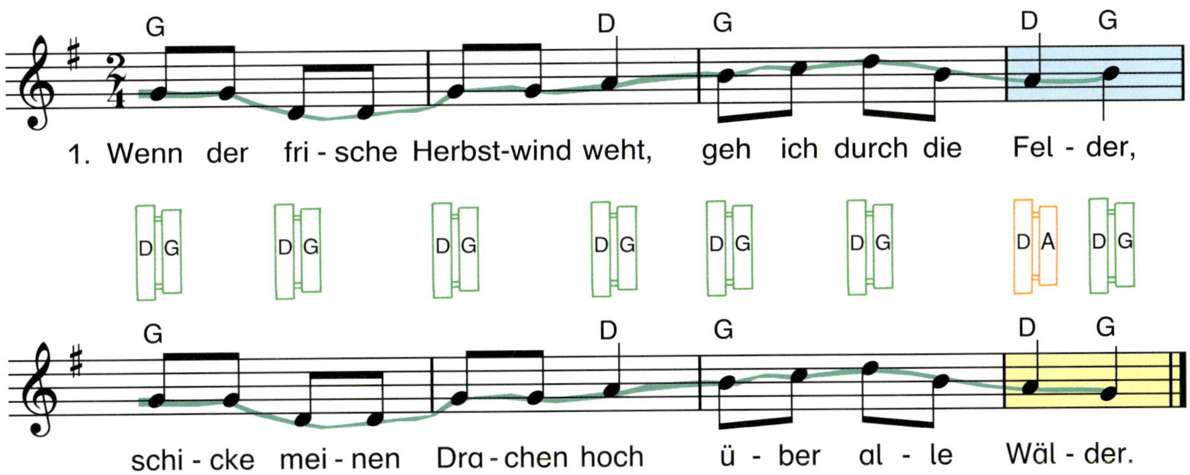

2. Und er wackelt mit dem Ohr,
wackelt mit dem Schwänzchen.
Und er tanzt den Wolken vor,
hui, ein lustig Tänzchen.

3. La, la, la …

Ein Drachen fliegt nicht nur einfach,
er schwebt, saust, schwingt hin und her,
wirbelt, gleitet, wiegt sich, pendelt, steigt hoch,
stürzt ab …

- Tanzt wie ein Drachen im Wind.
- Nehmt als Drachen ein Chiffontuch oder schneidet euch aus Krepppapier einen Streifen (Drachenschwanz).

Wir spielen den Wind

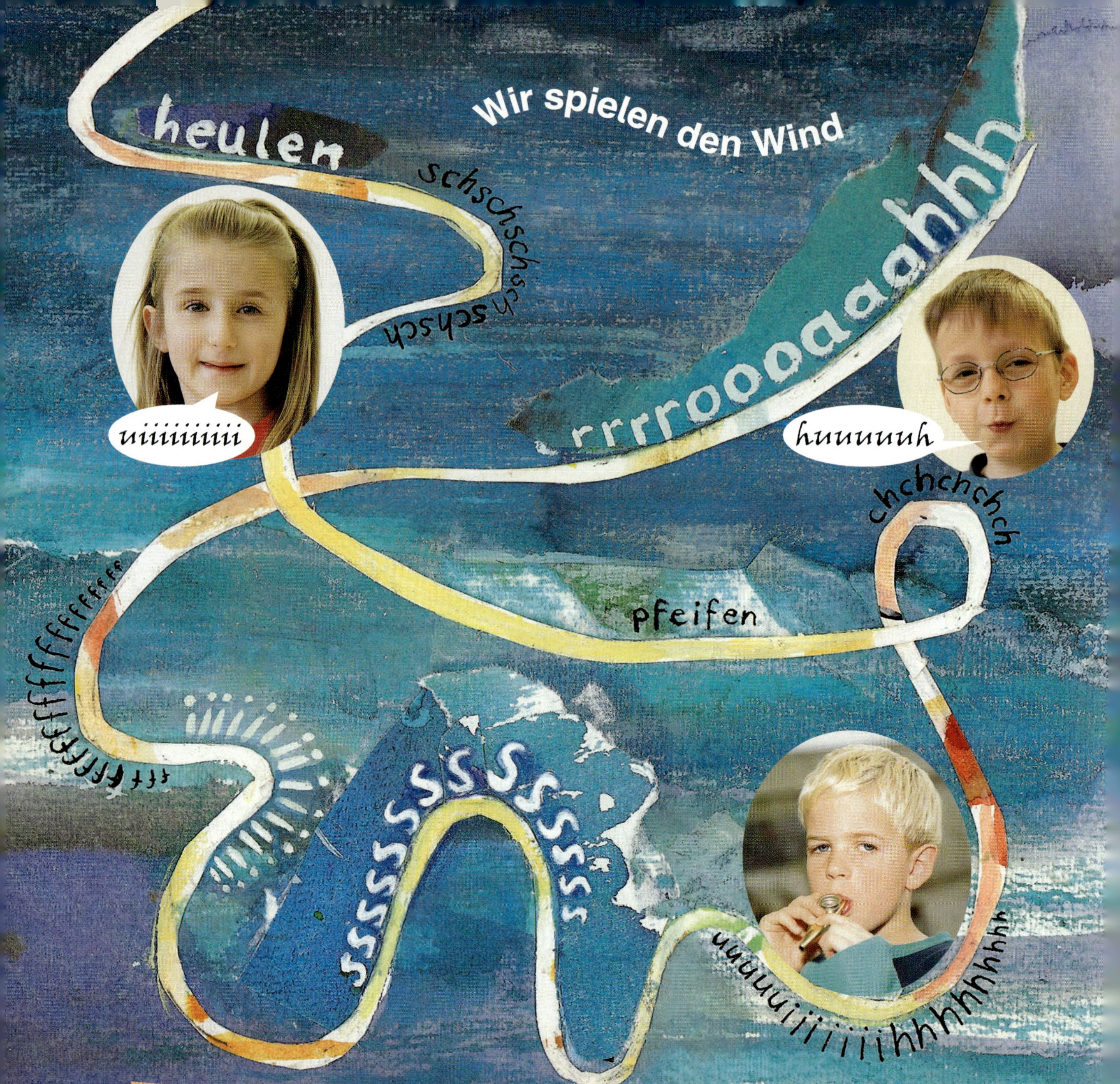

Musik kann man aufschreiben.
Versucht nach diesen „Notenbildern“ zu spielen.

10 **Ich bin der Wind**

M: Richard Rudolf Klein • T: F. A. Blumau

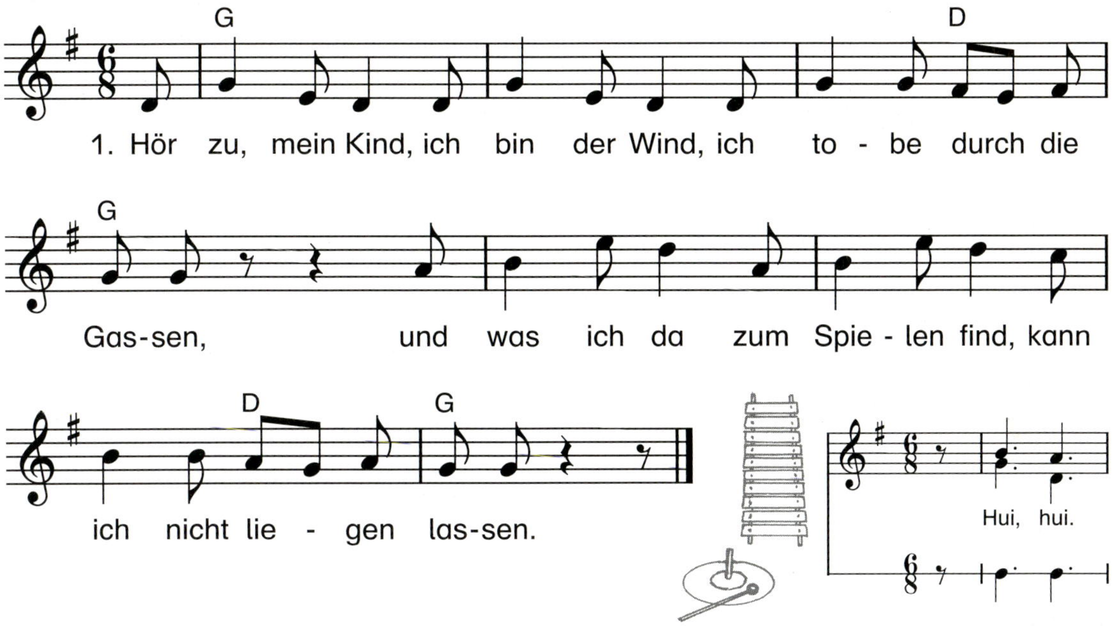

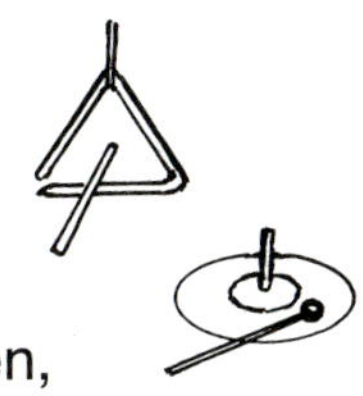

2. Das Stückchen Blech,
das ist mir recht,
das taugt zum Musizieren,
klingt auch das Lied wer weiß wie schlecht,
mich kann so was nicht rühren.

3. Das bunte Laub
und dort der Staub
soll'n um den Kopf dir fliegen,
und schimpfst du auch, ich stell mich taub,
mir ist das ein Vergnügen.

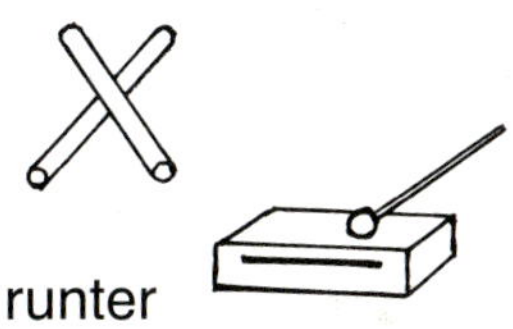

4. Ich hol vom Dach
mit lautem Krach
mir ein paar Ziegel runter
und freue mich und sing und lach,
wenn's drüber geht und drunter.

5. Kind, bleib zu Haus
und geh nicht raus,
mit mir ist nicht zu spaßen!
Ich bin der Wind, ich muss hinaus,
muss spielen, lärmen, rasen.

alle zusammen

Die Strophen könnt ihr mit den abgebildeten Instrumenten begleiten.

11/12

Eine dicke Nuss

T u. R: Susi Reichle-Ernst / Ulrike Meyerholz

Bastelt euch eine Nuss-Kastagnette:

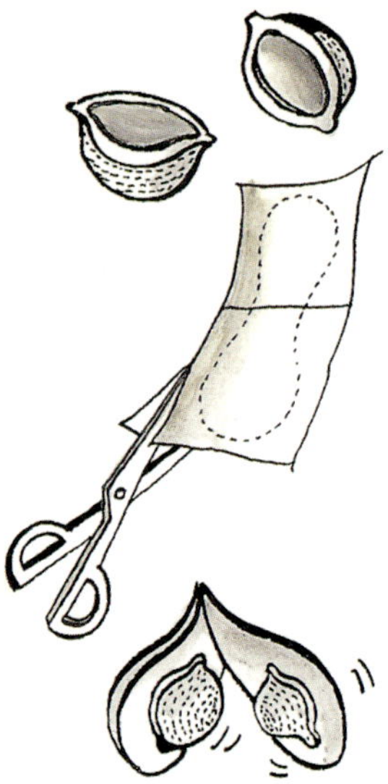

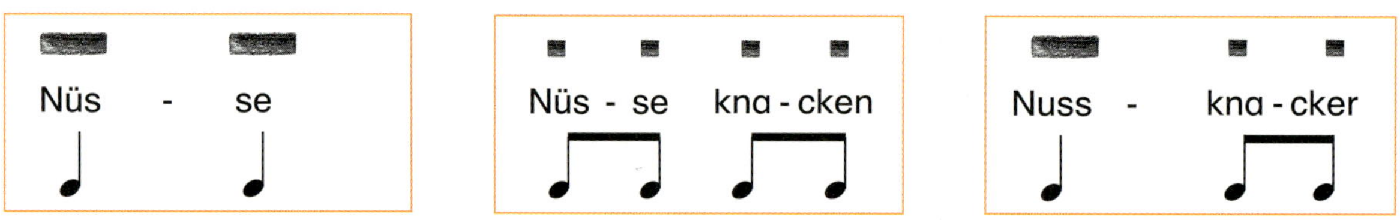

Sprecht den Text deutlich und spielt die Geschichte mit den passenden Bewegungen. Klatscht so, wie ihr sprecht.

Töne können kurz oder lang sein.

13 Nusstanz

A

B

- Beim Anhören der Musik könnt ihr zwei sehr unterschiedliche Teile heraushören.
- Findet zu beiden Teilen passende Bewegungen: allein, mit Partner oder einer ganzen Gruppe.

Musik kann schnell

oder langsam sein.

14/15

Sieben Schwalben

M: Heinz Lemmermann • T: Ursula Wölfel

2. Siebzig Schwalben! Hin und her flattern sie und schrein und schrein:
Übers Meer! Übers Meer! Bald wird Winter sein!

3. Siebenhundert Schwalben ziehn ganz weit fort und schrein und schrein:
Es ist Zeit! Es ist Zeit! Bald wird Winter sein!

- Spielt, wie die Vögel sich bewegen!
- Wählt Instrumente aus, mit denen ihr darstellt, wie die Vögel fliegen: Ruhig, langsam, wild, schnell, durcheinander, geordnet, fröhlich, traurig …
- Denkt daran, dass es immer mehr Vögel werden!

Musik kann lauter oder leiser werden.

< >

16/17 **Regentropfen** *M und T: Gerda Bächli*

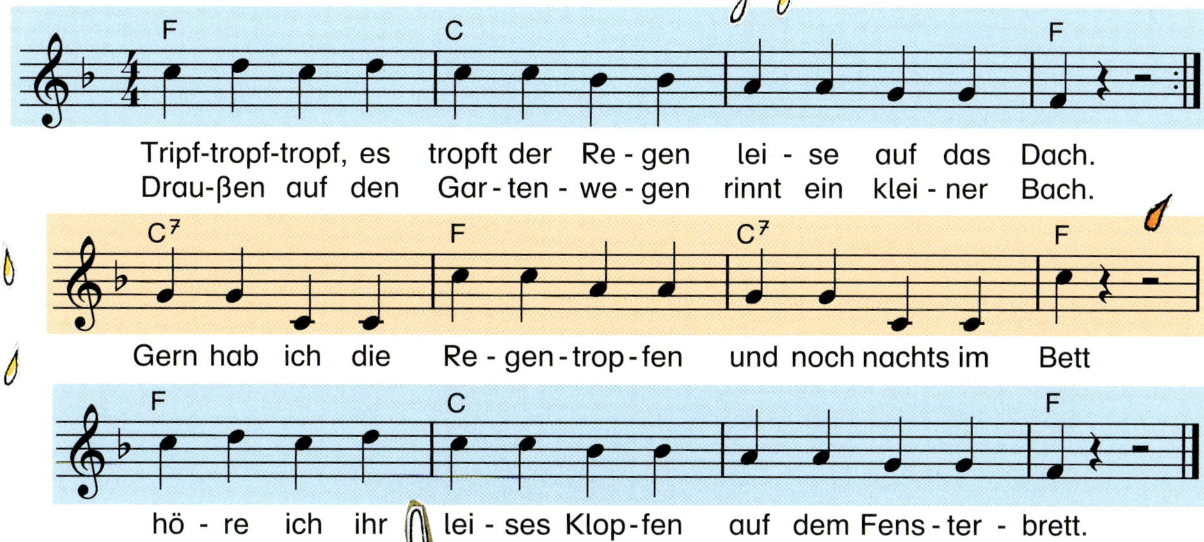

- Den Regen spielen: mit den Fingern, mit Schlägeln.
- Ein Kind ist der „Regenzauberer“. Es bestimmt, wie stark es regnet.

- Musik kann lauter oder leiser werden. < >
- Musik kann schnell oder langsam sein. ||||||||| | | | |
- Töne können kurz oder lang sein.

Wir freuen uns auf Weihnachten

18

Tragt in die Welt

M und T: Wolfgang Longardt

2. Tragt zu den Kranken ein Licht. Sagt ihnen: „Fürchtet euch nicht!“
Gott hat euch lieb ...

3. Tragt zu den Kindern ein Licht. Sagt allen: „Fürchtet euch nicht!“ ...

4. Tragt zu den Alten ein Licht. Sagt ihnen: „Fürchtet euch nicht!“ ...

Stellt Dunkelheit und Licht in einem Klangspiel dar:

Dunkelheit
(tiefe Töne vom Metallophon)

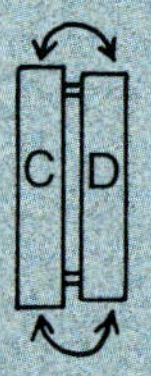

(abwechselnd langsam anschlagen)

Licht
(Glockenspiel)

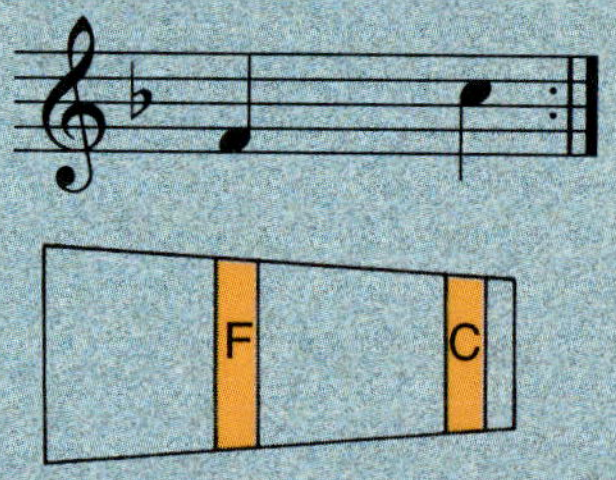

Ruf
(gesungen)

Das könnt ihr vor dem Lied oder zwischen den Strophen spielen.

Wir sagen euch an

M: H. Rohr • T: M. Ferschl • Satz: Wolfgang Zeis

2. Wir sagen euch an
den lieben Advent.
Sehet, die zweite
Kerze brennt!
So nehmet euch eins
um das andere an,
wie auch der Herr
an uns getan.

3. Wir sagen euch an
den lieben Advent
Sehet, die dritte
Kerze brennt!
Nun tragt eurer Güte
hellen Schein weit
in die dunkle Welt
hinein.

4. Wir sagen euch an
den lieben Advent.
Sehet, die vierte
Kerze brennt! Gott
selber wird kommen,
er zögert nicht.
Auf, auf, ihr Herzen,
und werdet Licht!

19

Auf dem Weihnachtsmarkt

M: Ludger Edelkötter • T: Barbara Cratzius

2. Nun kauf ich einen Luftballon,
den lasse hoch ich fliegen.
Vielleicht sieht er den Nikolaus
grad um die Ecke biegen.

3. Und lieg ich abends müd im Bett,
dann fang ich an zu träumen:
von Engeln, Sternen, Nikolaus,
von 1000 Weihnachtsbäumen.

20

Auf einem Weihnachtsmarkt gibt es nicht nur viel zu kaufen, sondern auch viel zu hören. Was könnt ihr alles hören?

Weihnachtstraum

M: Helmut Maschke • T: Hoffmann von Fallersleben

Glockenspiel

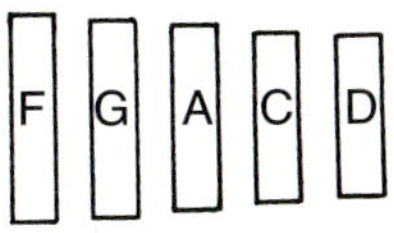

Metallophon

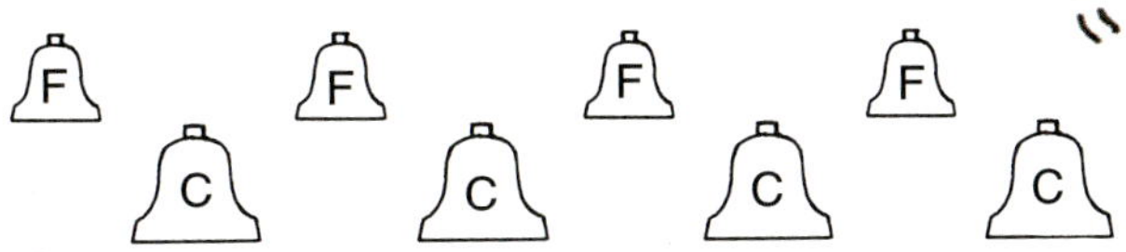

- Spielt auf dem Metallophon die beiden Glockentöne abwechselnd in langsamem Tempo.
- Erfindet mit den 5 Tönen des Glockenspiels eine Melodie dazu.
- Spielt die Melodie als Einleitung und Schluss zum Lied „Weihnachtstraum".

21

2. Und bunte Lichter ohne Zahl, die brannten ringsumher;
die Zweige waren allzumal von goldnen Äpfeln schwer.

3. Und Zuckerpuppen hingen dran; das war mal eine Pracht!
Da gab's, was ich nur wünschen kann und was mir Freude macht.

4. Und als ich nach dem Baume sah und ganz verwundert stand,
nach einem Apfel griff ich da, und alles, alles schwand.

5. Da wacht ich auf aus meinem Traum und dunkel war's um mich.
Du lieber, schöner Weihnachtsbaum, sag an, wo find ich dich?

Ein musikalisches Märchen:

22 Der Nussknacker

Es war einmal an einem Weihnachtsabend. Die kleine Klara hatte von ihrem Onkel einen wunderschönen, bunt bemalten Nussknacker geschenkt bekommen. Als sie nun nach dem langen, fröhlichen Abend erschöpft im Bett lag, schien plötzlich der Nussknacker zum Leben zu erwachen. Tatsächlich, er bewegte sich und nahm Klara auf eine abenteuerliche Reise mit. So gelangten sie in das Reich der Zuckerfee.

Der große Festsaal ist über und über mit feinsten Süßigkeiten geschmückt. Die Zuckerfee hat die Macht, Zuckerstangen in Rohrflöten zu verwandeln. Sie berührt die Zuckerstangen mit einem Zauberstab und schon beginnen die zierlichen Flöten sich in einem Reigen zu drehen. Nicht alle Zuckerstangen sind gleich groß, da gibt es dicke, die poltern plump über das Parkett, und da gibt es dünne, gelenkige, die fast über dem Boden schweben. Klara freut sich über diesen ungleichen Tanz der Rohrflöten.

- Die Fee erweckt die Zuckerstangen zum Leben. Bewegt euch wie die verzauberten Zuckerstangen: *schwebend elegant, schwer polternd …*
- Findet selbst Bewegungen.

Der Komponist Peter Tschaikowsky lebte vor über hundert Jahren in Russland.
Er schrieb viele Ballettmusiken. Ballett ist ein besonders kunstvoller Tanz.
Das Musikstück vom „Nussknacker“ ist eine solche Ballettmusik.

So hat Tschaikowsky den Anfang des Rohrflötentanzes aufgeschrieben.

22 Hört, wie der Komponist die Zuckerstangen als Rohrflöten tanzen lässt.

Das Blasinstrument, das du im Tanz der Rohrflöten hörst, heißt **Querflöte**.

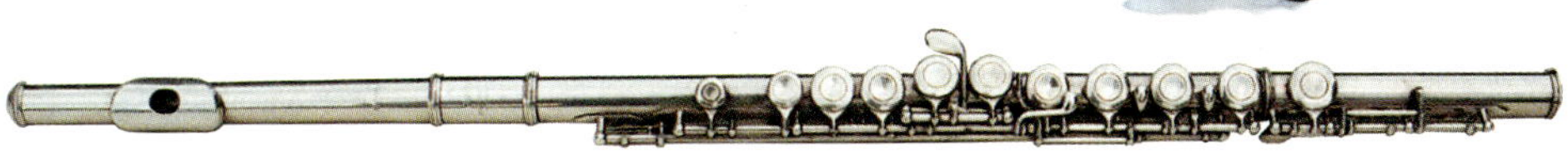

Du kennst bestimmt schon die **Blockflöte**.

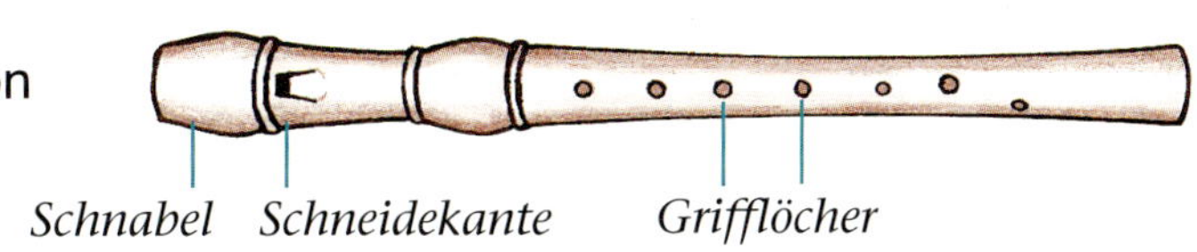

23 Hört dieses Musikstück von Luciano Berio. Erkennt ihr die Flöte? Was ist anders?

Auf dem Weg nach Bethlehem

Texte nach Marina Thudichum

1

Vorspiel (Flöte, Xylophon)

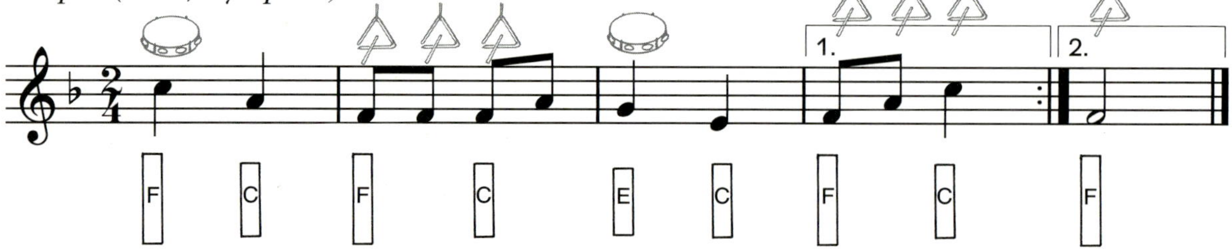

2

M und T: Roland Dauth

24/25

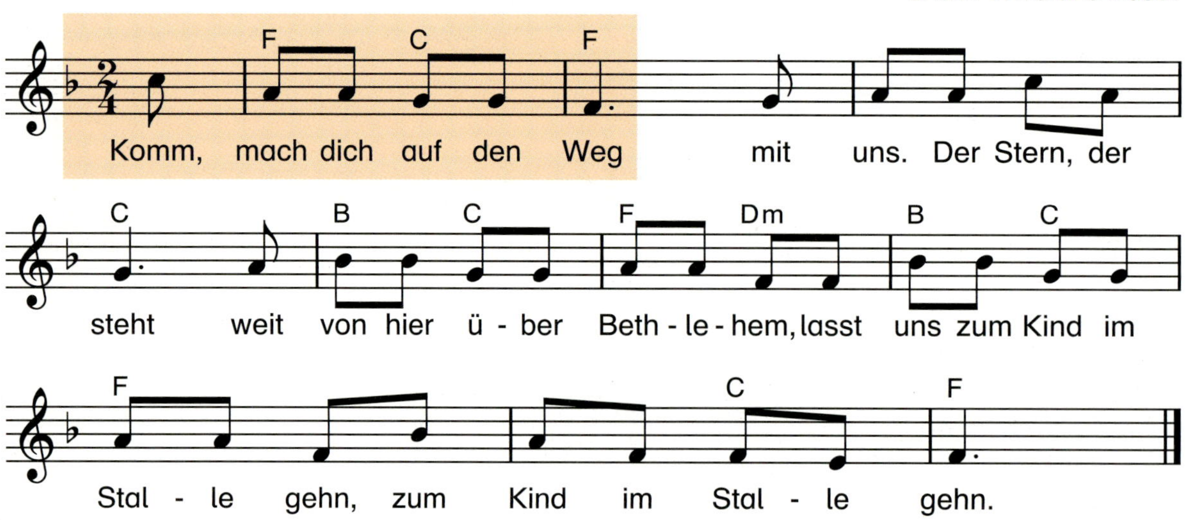

3

gesungen:

Komm, mach dich auf den Weg!

gesungen:

Komm, mach dich auf den Weg!

gesungen:

Komm, mach dich auf den Weg!

gesungen:

Komm, mach dich auf den Weg!

4

Heut ist geborn

M: aus Frankreich · T: Bernhard Weber

26

Im Winter

M und T: überliefert

1. A, a, a, der Win - ter, der ist da.
2. E, e, e, er bringt uns Eis und Schnee.
3. I, i, i, ver - giss die Ar - men nie!
4. O, o, o, wie sind die Kin - der froh!
5. U, u, u, jetzt weiß ich, was ich tu.

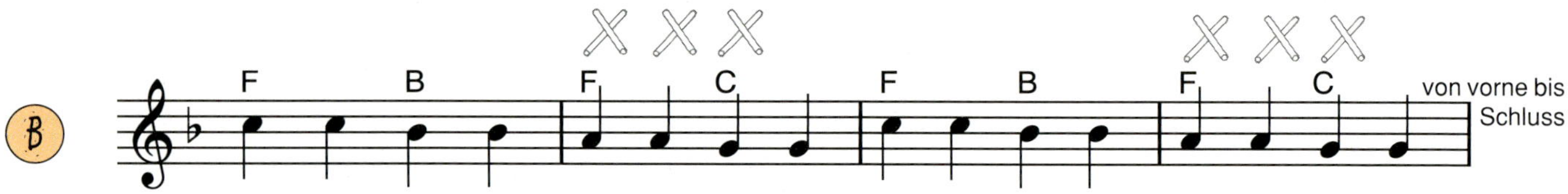

Herbst und Som-mer sind ver-gan-gen, Win-ter, der hat an - ge - fan-gen.
Malt uns gar zum Zeit-ver-trei-ben Blu-men an die Fenster-scheiben.
Wenn du liegst in warmen Kis-sen, denk an die, die frie-ren müssen.
Se - hen je - de Nacht im Trau-me sich schon unterm Weihnachtsbaume.
Hol den Schlit-ten aus dem Kel-ler und dann geht es schnell und schneller.

A B C,
die Katze lief im Schnee,
und als sie dann nach Hause kam,
da hatt' sie weiße Stiefel an.
O jemine, o weh!

27/28

Das Schneemann-Spiel

M: Heinz Lemmermann • T: überliefert

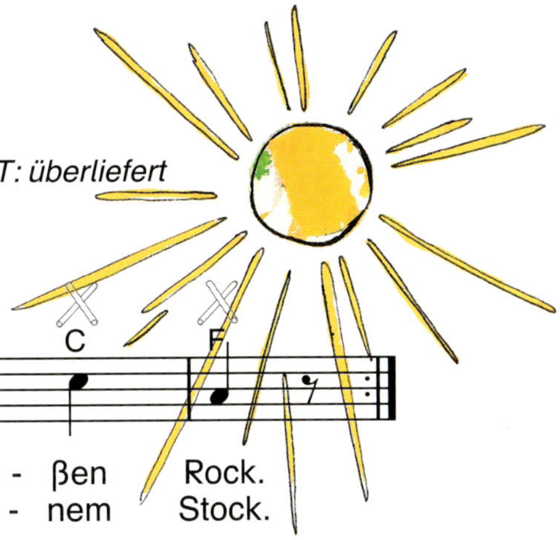

2. Da kommt die liebe Sonne und scheint so warm.
Dem Schneemann fällt vor Schreck der Stock vom Arm.

(langsam:)
Und auf einmal – ach, wie dumm –, da fällt
der ganze Schneemann um.

(schnell:)
Wir tanzen vor Vergnügen im Kreis herum.

Das Lied kann man unterschiedlich tanzen:

Winterliche Musik

Der italienische Musiker Antonio Vivaldi komponierte vor sehr vielen Jahren das Werk „Die vier Jahreszeiten". Darin beschreibt er Frühling, Sommer, Herbst und Winter musikalisch.

29

- Hört den „Winter" aus den „Vier Jahreszeiten".
- Bewegt euch zur Musikmelodie (Chiffontücher).
- Vivaldi hat auch die Regentropfen hörbar gemacht. Erfindet Bewegungen mit den Fingern dazu.

Vivaldi sagt zu seiner Musik:

Glücklich und zufrieden verbringt man die Tage am Feuer, während draußen der Regen in Strömen fällt.

Malt zur Musik.

Das wichtigste Instrument bei Vivaldis Musik ist die Geige (Violine). Töne entstehen durch Streichen auf den Saiten mit einem Bogen. Die Saiten kann man auch zupfen.

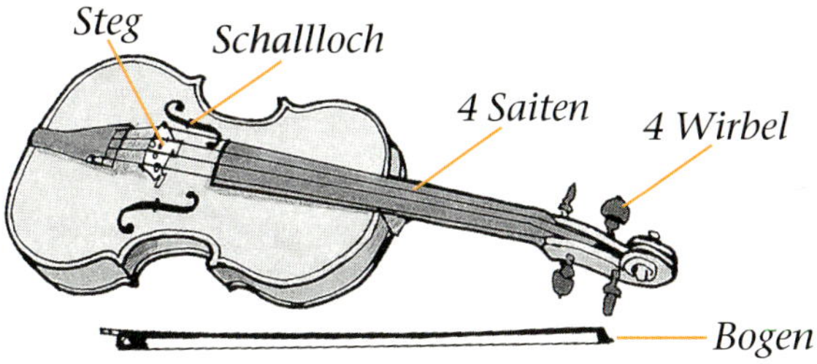

30 31 32 Ihr hört dreimal Geigenmusik. Wer spielt?

Ladet eine Geigerin oder einen Geiger zu euch in die Klasse ein.

Eine einfache Geige zum Zupfen selbst gebaut

Dazu benötigt ihr:

- 1 Schuhschachtel mit Deckel
- 1 Bleistift
- 4 Gummiringe

Schneidet aus dem Deckel ein Loch aus.

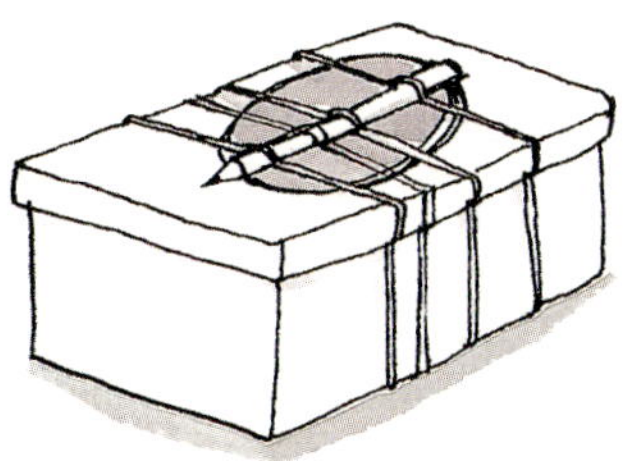

Spannt über einen Bleistift, der über dem Schallloch liegt, 4 Gummiringe.

29 Summt die Melodie mit und zupft auf eurer selbst gebastelten Geige den Regen dazu.

Konzert der Schneeflocken

R und T: Wolfgang Zeis

Sprechchor *eine(r) – alle*

Ganz leis und sacht fällt Schnee heut Nacht

und hat uns jetzt den Win - ter 'bracht.

Klangspiel

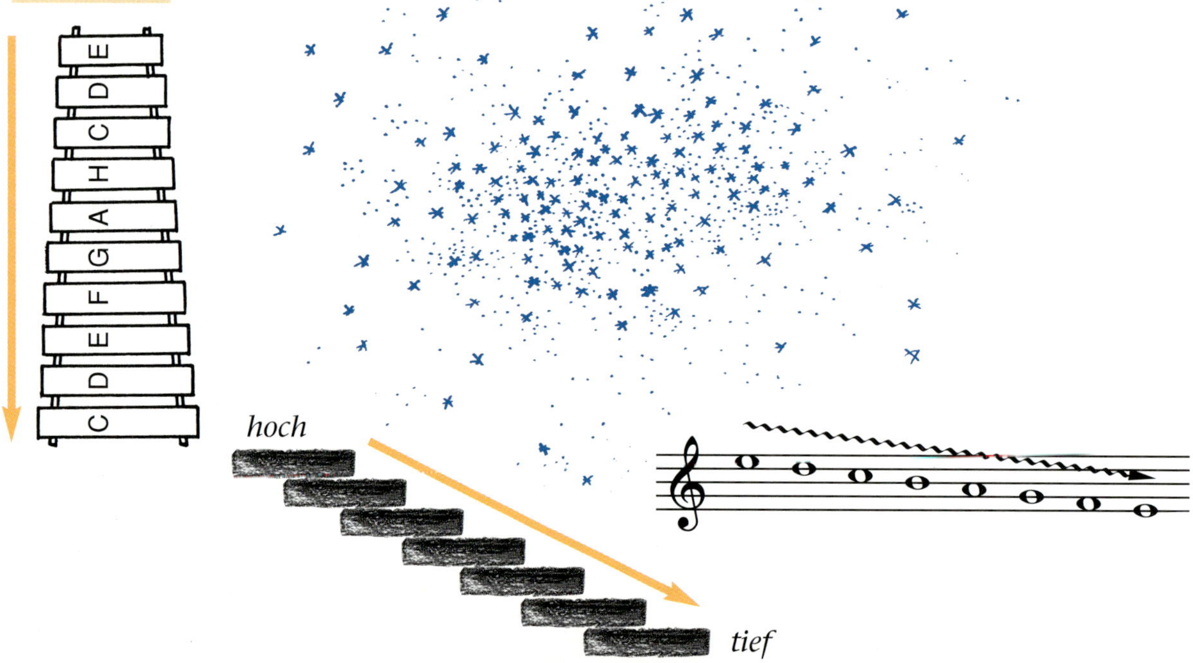

- Wie kann es klingen, wenn Schnee nach unten fällt?
- Macht ein Klangspiel mit verschiedenen Metallinstrumenten. Zuerst fällt wenig Schnee, dann viel, dann wieder weniger.
- Bewegt euch passend zur Musik (mit Tüchern).
- 33 Hört, wie der Komponist Claude Debussy den Schneefall musikalisch vertont hat.

34 Schneeflockentanz

M: Helmut Maschke • T: überliefert

Lied und Tanz

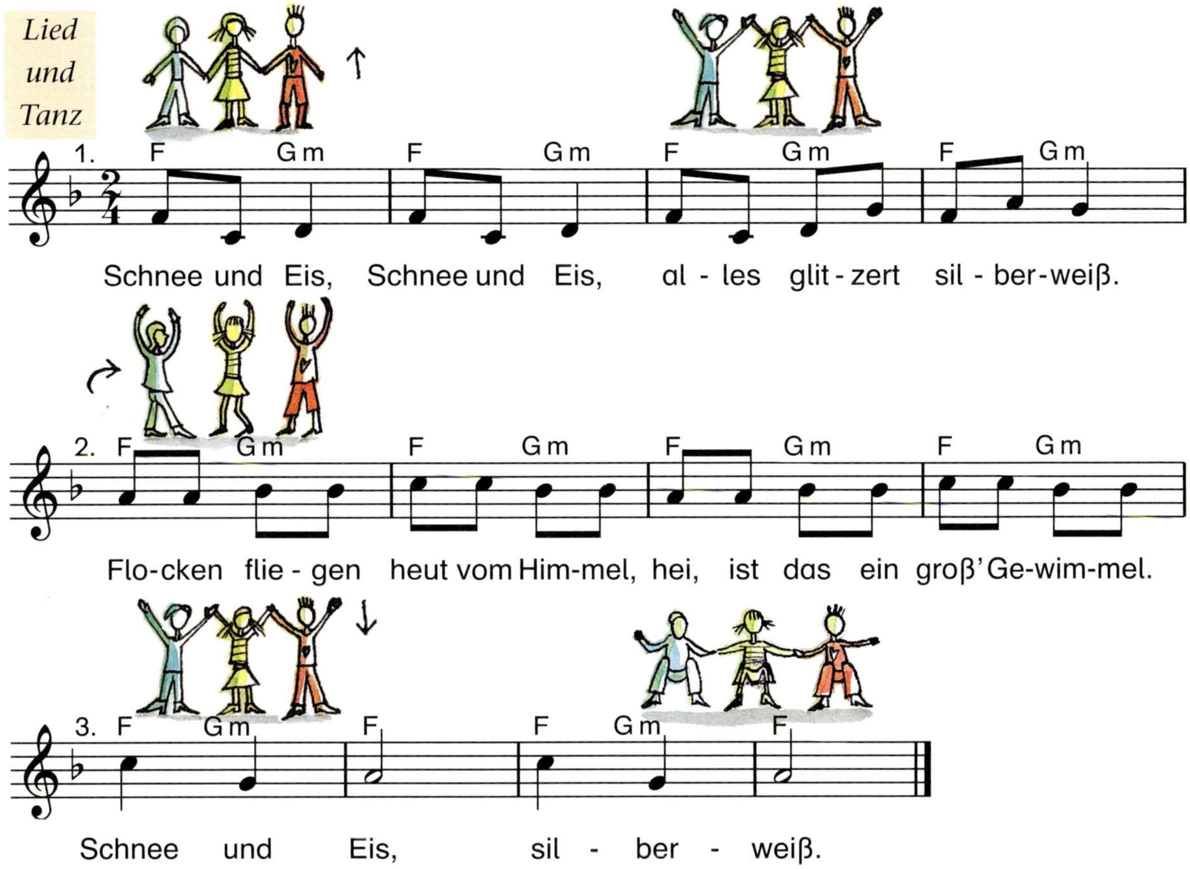

Begleitung

Wir stellen uns ein kleines Konzert zusammen

Unser Konzert

1. Sprechchor
2. Schneeflocken - Klangspiel
3. Lied und Tanz
4. Schneeflocken - Klangspiel
5. Sprechchor

35/36

Das neue Jahr beginnt

M: Erhard Hirmer • T: überliefert

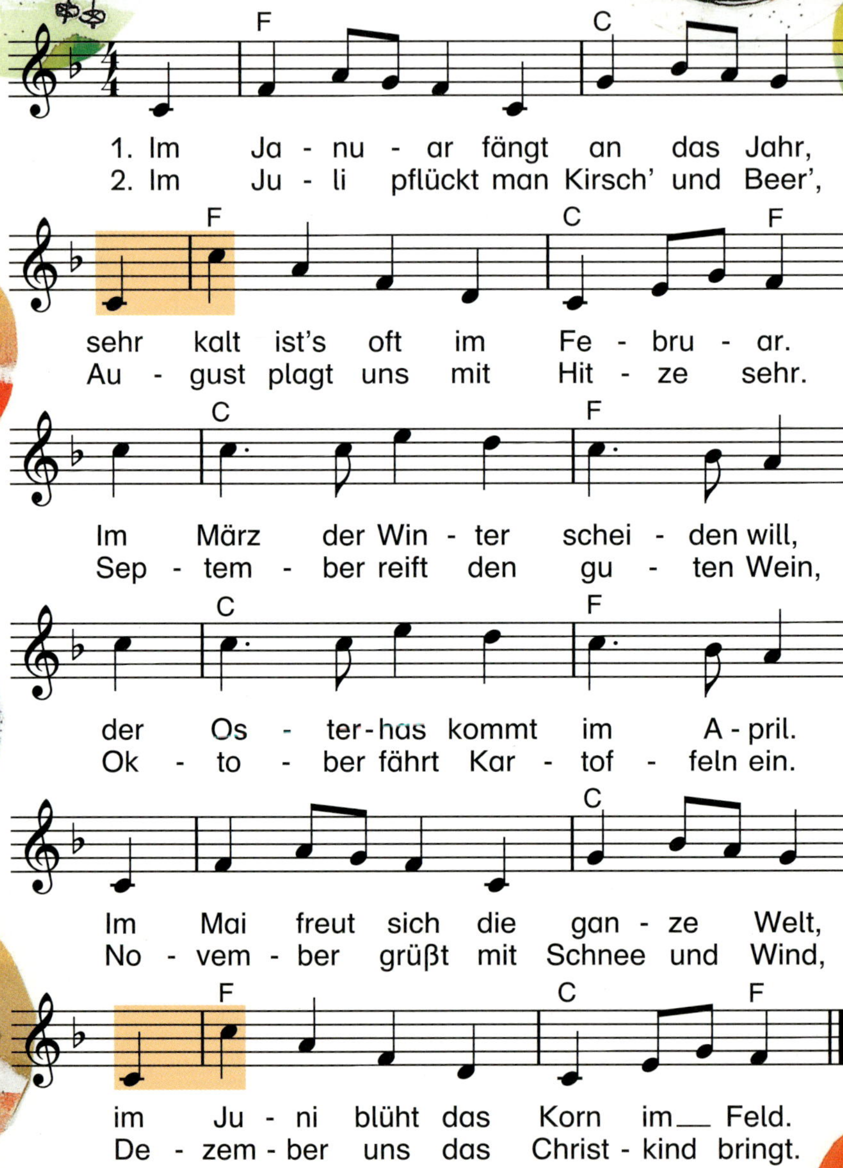

Töne können tief oder hoch sein.

Kommt mit zur Eislaufbahn

R und T: Wolfgang Zeis

Gruppe 1 + 2

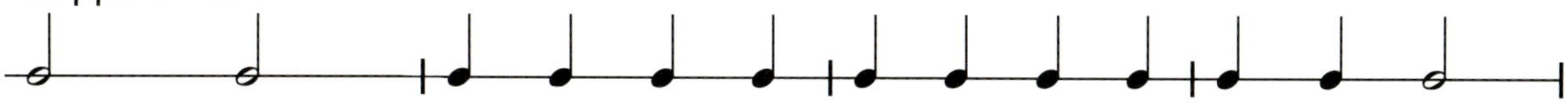

Heut ist's bit - ter - kalt, das Eis, das gibt uns fes - ten Halt.

Gruppe 1

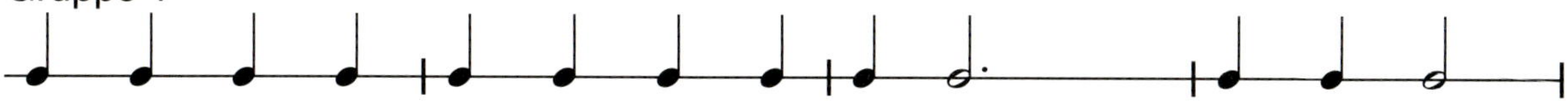

Da - rum woll'n wir Schlitt-schuh lau - fen, Schlittschuh. Komm doch mit!

Gruppe 2

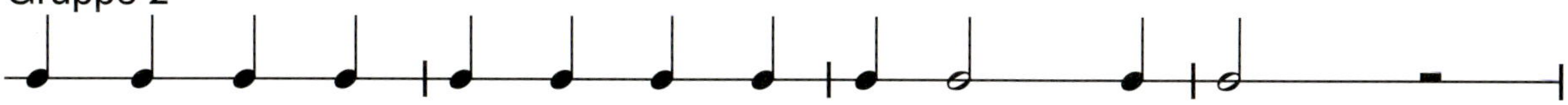

Hey, wir wol - len mit euch fah - ren, wo geht's denn hin?

Begleitung mit Körperinstrumenten:

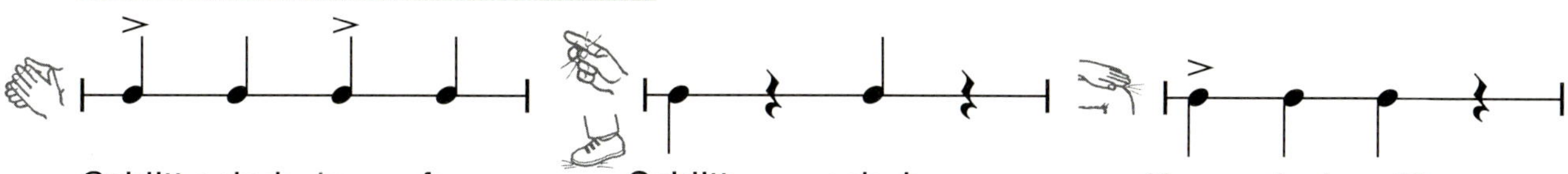

Schlitt-schuh lau - fen   Schlitt - schuh   Komm doch mit!

- Töne können hoch oder tief sein.
- Eine Geige (Violine) kann man streichen oder zupfen.
- Eine Melodie kann nach unten gleiten.

Wir verkleiden uns

37

R: Eva Hampel/
Andrea Herzog

- Wer gehört zu wem?
- Spielt die Namen auch mit einem Instrument.

38/39

Alle Indianer stampfen

M: Heinz Lemmermann • T: Ortfried Pörsel

2. Alle wilden Cowboys reiten …
3. Alle Clowns vom Zirkus strampeln …
4. Alle Hörnerteufel bocken …
5. Alle Faschingstiere fliegen …
6. Alle Küchenfeen rühren …
7. Alle Zauberer, die zaubern …

Truxdiwux, der Zauberer,
hat einen Zauberhut.
Er zaubert jeden Tag so gern,
das Zaubern kann er gut!

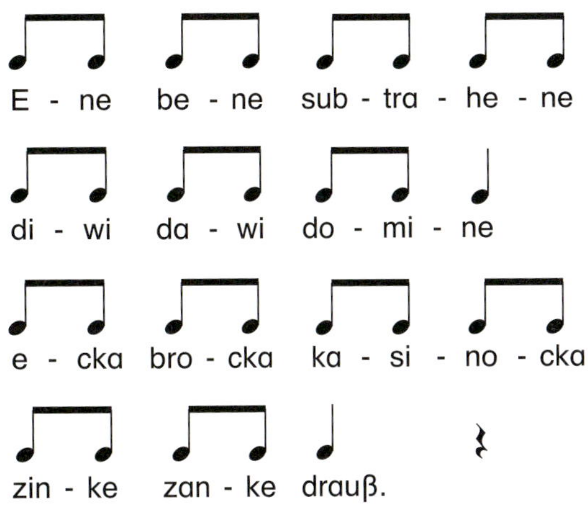

- Den Zauberspruch könnt ihr gut als Abzählvers verwenden.
- Erfindet selbst Zaubersprüche.

Sultans Schlummerlied

Es war einmal ein Sultan. Der hatte alles, was man sich nur wünschen konnte. Nur eines fehlte ihm zu seinem Glück: Er konnte nicht schlafen. Seine Diener versuchten händeringend ihm zu helfen.

*M und T: Carl Graf von Pocci/
Dorothée Kreusch-Jakob*

40

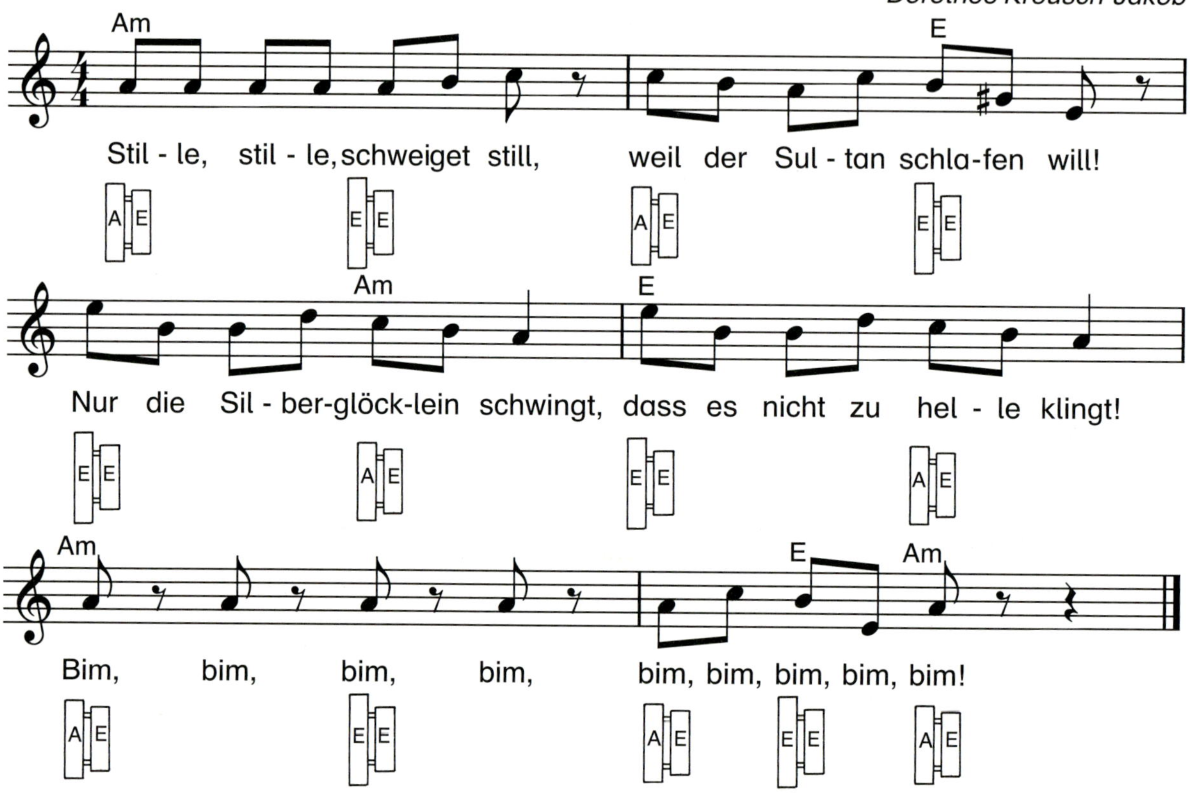

Begleitet das Lied sanft mit Triangel oder Zimbeln oder Glockenspiel …

Bordun für Stabspiele

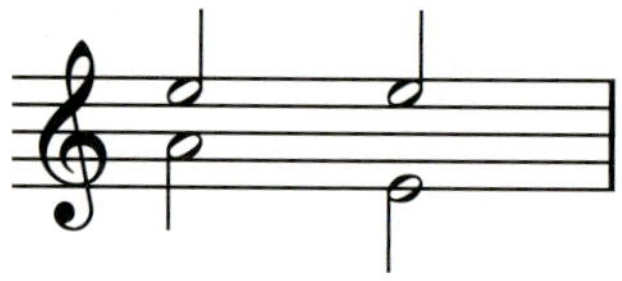

Endlich war der Sultan eingeschlafen. Da kommt ein neugieriger Schmetterling durch das Fenster geflogen …

Auch andere Tiere werden neugierig.
Sie wollen wissen, warum es so still ist.

40

Alle bewachen schließlich den Schlaf des Sultans. Dieser hat einen schönen Traum.

41

Klangspiel: Jeder spielt einzeln eine sanfte Traummusik für den Sultan.

Gespensterball

42/43

Gespenster gespenstern

M: Inge Lotz • T: Rolf Krenzer

Wie hört sich das Lied in verschiedenen Stockwerken an?
Stellt lustige, böse, dicke, freche, zarte ... Gespenster dar.

Schaffst du es bis zum Ballsaal ganz oben?
Achtung: Du darfst nur Leitern, Türen und Fenster benutzen.
Welche Instrumente findest du auf deinem Weg?

102 Gespensterchen

M: Rudolf Nykrin · T: James Krüss

44/45

2. Hundertzwei Gespensterchen
waren sehr vertrackt:
Hinter meinem Fensterchen
klopften sie im Takt.

3. Hundertzwei Gespensterchen
haben mich erschreckt.
Weit entfernt vom Fensterchen
hab ich mich versteckt.

4. Hundertzwei Gespensterchen
waren plötzlich fort.
Schlich mich schnell zum Fensterchen,
fand sie nicht mehr dort.

5. Hundertzwei Gespensterchen,
denkt euch, wie famos,
waren an dem Fensterchen
Regentropfen bloß!

Vor, zwischen und nach den Strophen: flüstern, sprechen und leise mit Instrumenten begleiten!

Findet „Regentropfeninstrumente":

Kamm zupfen

verschieden lange Nägel zupfen oder anschlagen

Dose oder Pappröhre mit Butterbrotpapier bespannen. Mit den Fingern klopfen.

Verkleidet euch mit alten Betttüchern als Gespenster und tanzt die Geschichte!

Miteinander spielen

Ihr könnt die Schlägel über die Stabspiele tanzen lassen:

schnell – langsam
hoch – tief
gemeinsam – allein

Drückt mit eurem Spiel unterschiedliche Stimmungen aus:

- Man kann kurze und lange Töne aufschreiben:

Endlich ist der Frühling da

CD2 10

~~46/47~~

M: Martin Göth • T: Rolf Krenzer

2. Da ruft der Frosch:
„Quak, quak!
Der erste Frühlingstag!“

3. Froh stimmt der Fink
mit ein im hellen
Sonnenschein.

4. Der Storch
kommt auch zurück
und klappert voller Glück.

5. Die Bienen
schwärmen aus
aus ihrem Bienenhaus.

Alle Tiere singen wie
der Kuckuck und
werden an dieser Stelle

in das Lied
eingebaut, z. B.

2. Quak, quak, quak, quak,
Kuckuck, Kuckuck, hurra!

3. Trili, trili,
quak, quak, quak, quak,
Kuckuck, Kuckuck, hurra!

4. ...

Spielt mit den angegebenen Instrumenten
eine Musik vom Erwachen der Natur.

Sie glitzern, schweben und platzen

Wir pusten so, dass große und kleine Seifenblasen entstehen. Dann beobachten wir die Seifenblasen beim Fliegen. Beschreibt mit der Stimme ihren Weg.

Seifenblasenlied

M und T: Werner Beidinger

48/49 CD2 12/13

2. Seifenblasen tanzen wieder,
schweben lautlos auf und nieder.
Rund und schön anzusehn,
huch, da sind sie weg.

Musik malt Bilder

Vor etwa 150 Jahren lebte in Russland ein Komponist mit Namen Modest Mussorgski.
Für eine Ausstellung mit Bildern seines verstorbenen Freundes komponierte er Musikstücke, die später weltberühmt wurden.

Ein Bild hatte den Namen „Ballett der Küchlein (Küken) in ihren Eierschalen“. Das Bild gibt es heute nicht mehr.

Hier seht ihr Küken, die aus ihren Eierschalen herauswollen. Sie

klopfen
picken
kratzen
pochen
piepsen
hüpfen
tanzen
...

- Probiert verschiedene Instrumente aus, damit man dies alles hören kann!

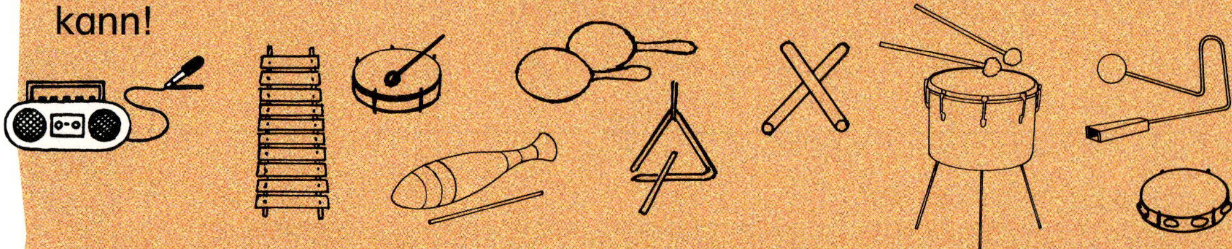

50
51

- Wie hat der Komponist die Musik geschrieben, dass man sich die Küken vorstellen kann?

Ein Gedicht zum Klingen bringen

Den Frühling, den wollte ich endlich jetzt sehen.
Doch konnte und wollte ich nicht recht weit gehen.
Da habe ich mich auf den Boden gestreckt
und mit meinen Ohren den Frühling entdeckt.

Ich hörte die Blumen sich recken und strecken,
ich hörte die winzigen Knospen sich necken.
Sie kuscheln und tuscheln und schwatzen dahin,
sie kichern, sind lustig voll fröhlichem Sinn.

Ich lauschte, wie Bienen und Hummeln fein brummen,
ich hörte die Maulwürfe lachen und Fliegen schon summen.

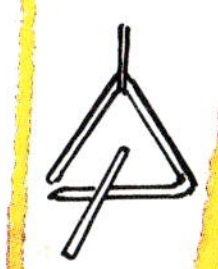

Nun kam noch der Wind, schob die Wolken rasch fort.
Die Strahlen der Sonne vermehrten sich dort.
Da drang es noch lauter und stärker ans Ohr.
Mir war so, als hört' ich den lieblichsten Chor.

So lag ich und horcht' in die Welt hinein
und dachte: Wie schön kann der Frühling doch sein.

Helga Penz

Bringt das Gedicht mit Instrumenten und Mundgeräuschen zum Klingen! Viele Wörter sind dazu geeignet.

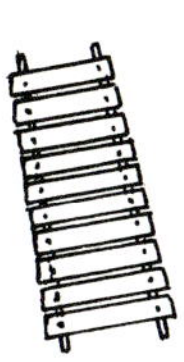

z.B. Die Strahlen der Sonne

Lasst „strahlende Klänge“ auf Becken und Glockenspielen erklingen!

Der Kuckuck und der Esel

M: C. F. Zelter • T: H. Hoffmann von Fallersleben

2. Der Kuckuck sprach: „Das kann ich!“, und fing gleich an zu schrein. „Ich aber kann es besser!“, fiel gleich der Esel ein.

3. Das klang so schön und lieblich, so schön von fern und nah. Sie sangen alle beide: „Kuckuck, kuckuck, iah!“

Singt das Lied in verteilten Rollen.

Die Gitarre – ein Instrument zum Begleiten

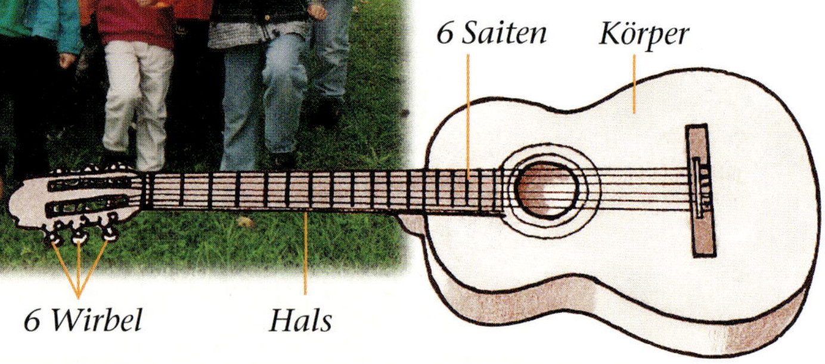

52

Die Gitarre wird sehr oft auch als Soloinstrument verwendet. Hört das Musikstück „Der fröhliche Zwerg“ von Dietmar Ungerank.

Hasen-Swing

M: Lisa Wittmann • T: Rüdiger Urbanek

53/54

Überall ist Musik

Musik bei uns im Zimmer . . .

55 bis 64

Ihr hört verschiedene Geräusche. Könnt ihr sie den Gegenständen zuordnen?

... und überall

65 bis 70 Ordnet die Musikbeispiele den Fotos zu.

Ohrwürmer aus dem Fernsehen

(Rechteinhaber: s. S. 96)

71 bis 75

- Ordnet die Melodien den Bildern zu.
- Bringt Kassetten oder CDs mit eurem Lieblingslied mit.
- Singt mit.
- Bereitet eine Klassen-Hitparade vor.

Eine Insel mit 2 Bergen

M: Hermann Amann • T: Manfred Jenning

Begleitet mit der Stimme:

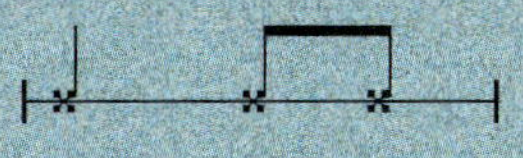

Stimm-Meister

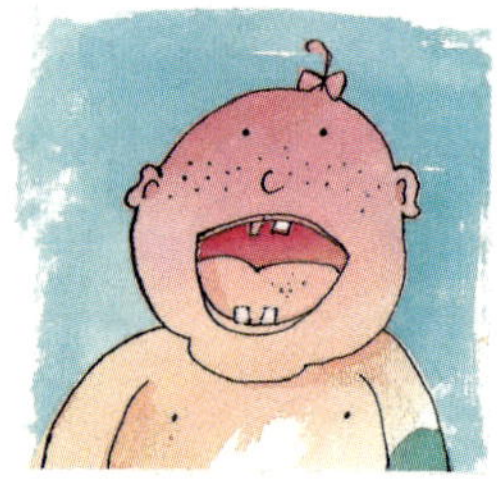

Oooh, großes Donnergrollen

Welche Töne und Geräusche
stellt ihr euch auf den Bildern vor?

Die Puffreispuffbohnenkartoffelpufferbahn
fährt bergan:
puff puffreis! puff puffreis! puff puffreis!
puff puffbohne! puff puffbohne! puff puffbohne!
kartoffelpuffer! kartoffelpuffer! kartoffelpuffer!
toffelpuffer! toffelpuffer! toffelpuffer!
toffpuff! toffpuff! toffpuff!
off!
uff!

Kito Lorenc

Sprecht und spielt die Eisenbahn.

Kugel

Ein Kugelbaum
ein Kugelbauch
ein Kugelblitz
die kugeln sich
bei einem Witz:

Kugel
und ein Kügelchen
die wollten auf
ein Hügelchen

Es wollten auf
ein Hügelchen
Kugel
und ein Kügelchen

Ein Kugelbaum
ein Kugelbauch
ein Kugelblitz
die kugeln sich
bei einem Witz

Jürgen Spohn

Verjagt die Fliegen!

Bssssss

igittigitt, diese miese Riesenfliege

(o, a, u, e)

Wer wird
Schnellsprechmeister?

77

Wir tanzen und springen: Siebensprung

A

8 Schritte nach links | 8 Schritte wieder zurück

B

Einschaukeln:
je 1 Nachstellschritt ↗ und ↖

Der B-Teil wird mit jedem Durchgang länger, weil zu den vorherigen Sprüngen immer ein neuer dazukommt.

Du kannst dir die Abfolge der Sprünge leichter merken, wenn du auf die Musikinstrumente hörst!

1 Gitarre **2 Flöte** **3 Akkordeon** **4 Posaune**

5 Trompete **6 Xylophon** **7 alle Instrumente**

C

Klatschen, bis dieser Musikteil zu Ende ist.

Ablauf:

A	A	A
B 1	B 1, 2	B 1, 2, 3
C	C	C

usw.

Beachtet:
Pro Durchgang wird jeder Sprung nur einmal gemacht!

Wenn der Sommer kommt

Sommerlied

M und T: Elisabeth Unkel

78

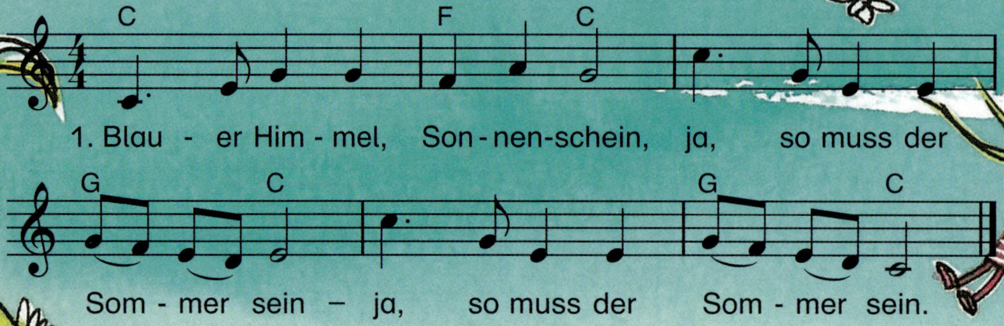

2. Barfuß laufen,
Tau im Gras,
ja, so macht der Sommer Spaß.

3. Schmetterlinge,
Blumenpracht,
ja, ob das nicht glücklich macht!

4. Und dann noch die
Ferienzeit!
Sommerglück ist weit und breit.

5. Wiese, Seen,
Wald und Feld,
Herr, wir hüten deine Welt –
ja, wir hüten deine Welt!

Freibad-Rap

R und T: Roland Dauth

Ab ins Frei - bad,	hit - ze - frei!	Ab ins Frei - bad,	bin da - bei!
	schnell nach Haus!		Ta - sche raus!
	komm jetzt mit!		das macht fit!

- Sprecht den „Freibad-Rap“ in verschiedenen Gruppen.
- Spiegelt euch dabei im Wasser des Freibades. Ein Partnerkind macht dabei genau dieselben Bewegungen mit.

Der erste Ferientag

- Erzählt die Geschichte.
- Spielt ohne Worte, was auf den Bildern passiert.
- Macht die Geschichte mit Instrumenten und euren Stimmen hörbar.

79

Wenn der Sommer kommt

M und T: Rolf Zuckowski

2. Von Limonade und Eis am Stiel, und am Strand ein Fußballspiel,
dann mit achtzehn Mann in ein Gummiboot, wenn der Sommer kommt.
Luftmatratzen im Swimmingpool! Ein Sprung auf Papas Liegestuhl,
ja, die Kleinen werden die Größten sein, wenn der Sommer kommt.

3. Oma badet im Titisee, Opa lüftet sein Toupet,
und er kriegt nachts mal wieder kein Auge zu, wenn der Sommer kommt.
Heiße Hits aus dem Radio, Breakdancefieber und Jojo –
alles, nur nicht zur Schule gehn, wenn der Sommer kommt.

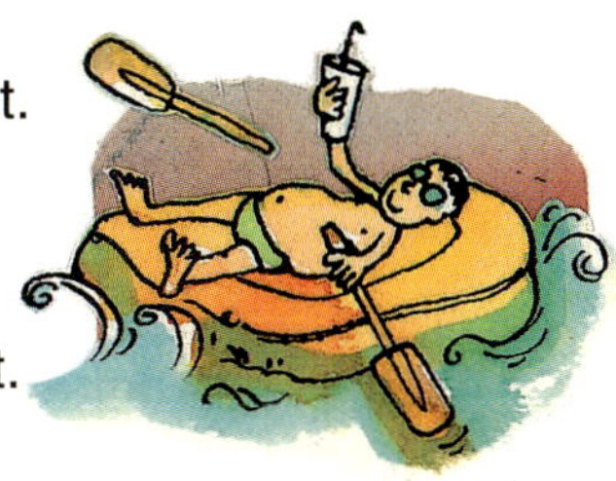

4. Sogar die Hasen im Stoppelfeld pfeifen auf den Rest der Welt,
denn zum Glück wird mancher ein fauler Hund, wenn der Sommer kommt.
(Melodie pfeifen bis zum Kehrreim.)

Kinderlieder in anderen Ländern

80/81 Pussy-cat *aus England*

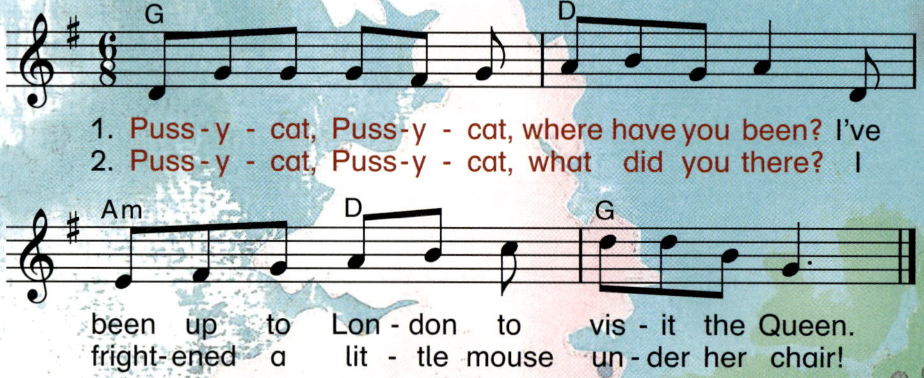

Fahrt mit der Bahn durch Europa. Würfelt aus, wo ihr hinfahrt.

Ponze
polente
ponze
pi,
tappe
tappe
gri!
(Italien)

82/83 Meine Niccolina *aus Spanien / deutscher Text: Margarete Jehn*

2. Hol ich meine Peitsche,
tut sie keinen Schritt,
wenn ich für sie pfeife,
geht sie gerne mit.

3. Zeig ich ihr 'ne Rübe,
macht sie einen Satz,
ach, wie ich sie liebe,
Niccolina, Schatz!

84 Die Schwalbe

aus der Ukraine / Nachdichtung: Irmgard Krauthoff

3. Doch wenn dann die Sonne schwindet
und im Haus kein Kind mehr wacht,
dann ist auch die Schwalbe müde,
ruht sich aus die ganze Nacht.

4. Zeitig schon am nächsten Morgen
setzt sie ihre Arbeit fort,
und ihr muntres Liedchen zwitschernd
hört ihr sie bald hier, bald dort.

85/86 Rabe und Fuchs

aus der Türkei

En, ten, tini
savaraka tini
savaraka tika taka
bija, baja, buf!

(Kroatien)

2. *Ordan geçen bir tilki, ha, ha …*
Sen sesinle öt demiş, ha, ha …
Aptal karga gak demiş, ha, ha …
Peyniri tilki yemiş, ha, ha …

„Stimmt's, dass du ein Sänger bist?", ha, ha …
Rabe krächzt, merkt nicht die List. Ha, ha …
Krächzend alles er vergisst, ha, ha …
Käse fällt, der Fuchs ihn frisst, ha, ha …

Musik, Geschichten und Theater

Musik erzählt Geschichten: Peter und der Wolf

Sergej Prokofjew war ein russischer Komponist und Pianist.

Er erzählte das Märchen „Peter und der Wolf“ auf ganz besondere Weise:

Jede Figur hat ein eigenes Instrument und eine bestimmte kleine Melodie.

Hier die Darsteller:

Was passiert in dem Märchen?

Früh am Morgen öffnet  die Gartentüre und geht auf die grüne Wiese hinaus.

Er trifft den  und die  und rettet schließlich den  vor der .

Der  holt  zurück in den Garten und warnt ihn vor dem großen

grauen . Dieser kommt auch tatsächlich aus dem Wald und verschlingt die 

mit einem Bissen.  fängt den  mit Hilfe des 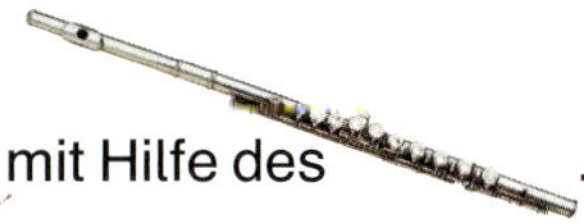. Schon erscheinen die .

Aber  bittet sie den  nicht zu erschießen, sondern in den Zoo zu bringen.

In einem großen Triumphzug machen sich alle auf den Weg.

Das ist Peters Melodie:

Spielt das Märchen in einem Tischtheater.

Die kleine Raupe Nimmersatt

Nachts, im Mondschein,
lag auf einem Blatt ein kleines Ei.
Und als an einem schönen Sonntagmorgen die Sonne aufging, hell und warm,
da schlüpfte aus dem Ei – knack – eine kleine, hungrige Raupe.

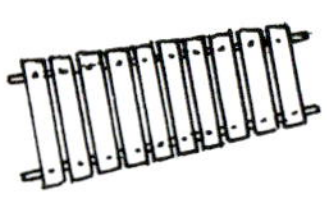

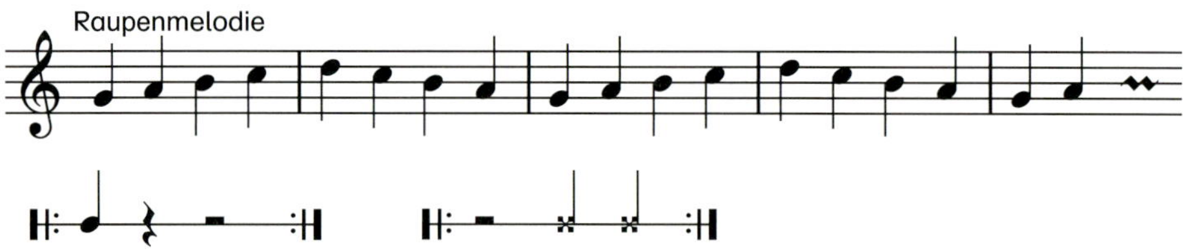

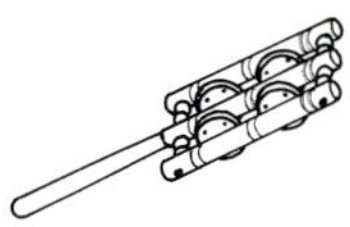

Die Raupe hat Riesenhunger ...

Am Montag fraß sie sich durch einen Apfel, aber satt war sie noch immer nicht.
Am Dienstag fraß
sie sich durch zwei ...

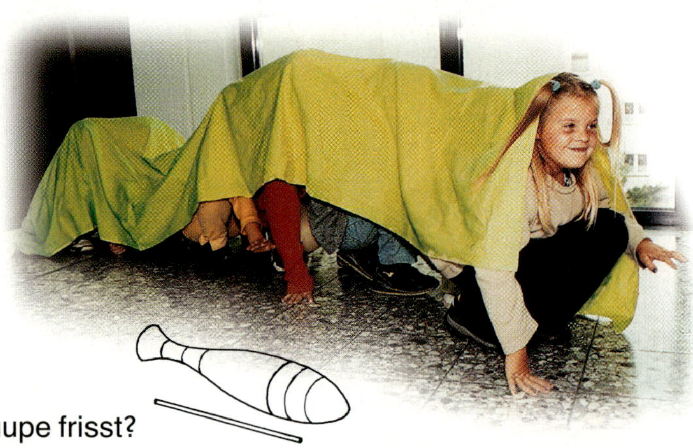

Denkt euch selbst
Nahrungsmittel aus.

Wie klingt es, wenn die Raupe frisst?

An diesem Abend hat sie Bauchschmerzen ...

Spielt die Raupenmusik so, dass man die Bauchschmerzen hört.

Die Raupe verwandelt sich ...

Sie war nicht mehr hungrig, sie war richtig satt. Und sie war auch nicht mehr klein, sie war groß und dick geworden. Sie baute sich ein enges Haus, das man Kokon nennt, und blieb darin mehr als zwei Wochen lang. Dann knabberte sie sich ein Loch in den Kokon, zwängte sich nach draußen und ...

Spielt auf den Instrumenten eine Schmetterlingsmusik.

Das Märchen vom Rumpelstilzchen

R: Eva Hampel/ Andrea Herzog

Es war einmal ein Müller, der war sehr arm, aber er hatte eine schöne Tochter. Nun traf es sich, dass er mit dem König zu sprechen kam, und um sich ein Ansehen zu geben, sagte er zu ihm: „Ich habe eine Tochter, die kann Stroh zu Gold spinnen.“ Das gefiel dem König so sehr, dass er die Müllerstochter ins Schloss kommen ließ. Er sperrte sie in eine Kammer mit Stroh und befahl ihr daraus Gold zu spinnen.

Der König befiehlt: „Spinne Stroh zu Gold!“

Da saß nun die arme Müllerstochter und wusste um ihr Leben keinen Rat.

(tritt auf)

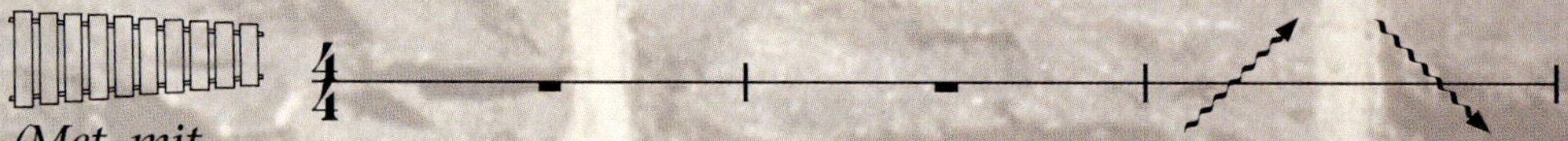

(Met. mit Holzschlägel)

Hör auf zu weinen, Müllerstochter. Ich kann dir helfen. Aber was gibst du mir dafür?

1. Nacht

Nimm die Kette!

88/89

Und sogleich hört man Rumpelstilzchens „Goldspinn-Lied“.

2. Nacht

Da fordert der König noch mehr Gold.

Und der König fordert **noch** mehr Gold.

3. Nacht

Ich habe jetzt nichts mehr!

Wenn du jetzt Königin wirst, will ich dein erstes Kind!

Und als am Morgen der König kam und alles fand, wie er gewünscht hatte, so hielt er Hochzeit mit ihr, und die schöne Müllerstochter wurde Königin. Übers Jahr brachte sie ein schönes Kind zur Welt und dachte gar nicht mehr an das Männchen.

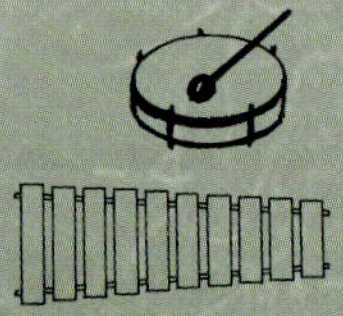

Bitte lass mir mein Kind. Ich gebe dir dafür alle Schätze meines Königreiches.

Nein, etwas Lebendiges ist mir lieber als alle Schätze der Welt. Du darfst dein Kind aber behalten, wenn du meinen Namen herausfindest. Ich gebe dir drei Tage Zeit.

Fritz, Hans … *(läutet mit einer Glocke)*

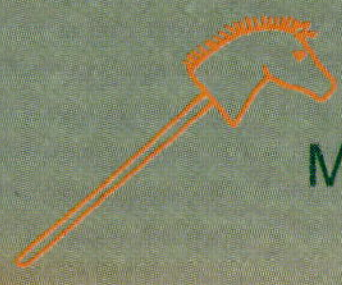

Majestät, haben Sie gerufen?

Reite durch das ganze Land und schreibe alle Namen auf, die du finden kannst.

M: Eva Hampel

Ach wie gut, dass niemand weiß,
dass ich *Rumpelstilzchen* heiß.

Nun, Frau Königin, wie heiße ich?

Heißt du vielleicht ...

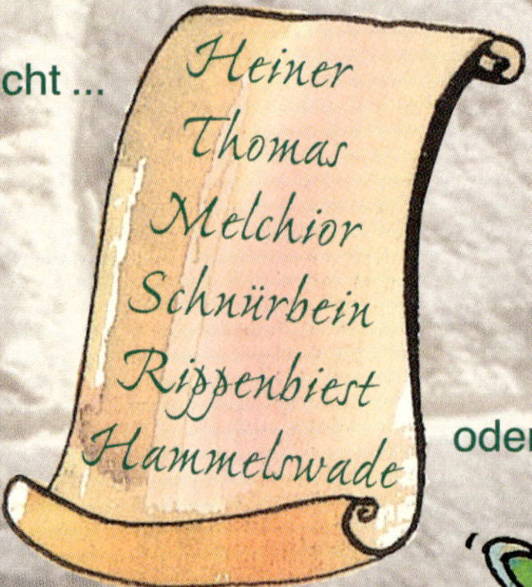

oder heißt du vielleicht Rumpelstilzchen?

Das hat dir der Teufel gesagt,
das hat dir der Teufel gesagt!

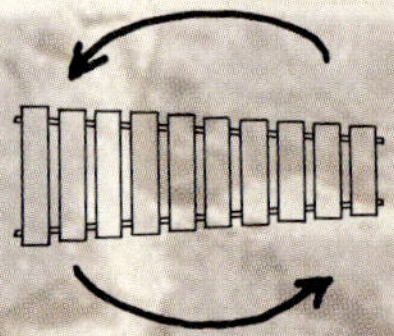

90 Das ganze Königreich feierte.

Liedanhang

Gottes Welt, wohl bestellt

M und T: überliefert

eine(r)/kleinere Gruppe:

2. Ackerfeld, wohl bestellt, wie viel zählst du Körnlein?

3. Dunkler Wald, grün gestalt', wie viel zählst du Zweiglein?

4. Sonnenschein, klar und rein, wie viel zählst du Fünklein?

5. Tiefes Meer, weit umher, wie viel zählst du Tröpflein?

6. Ewigkeit, lange Zeit, wie viel zählst du Stündlein?

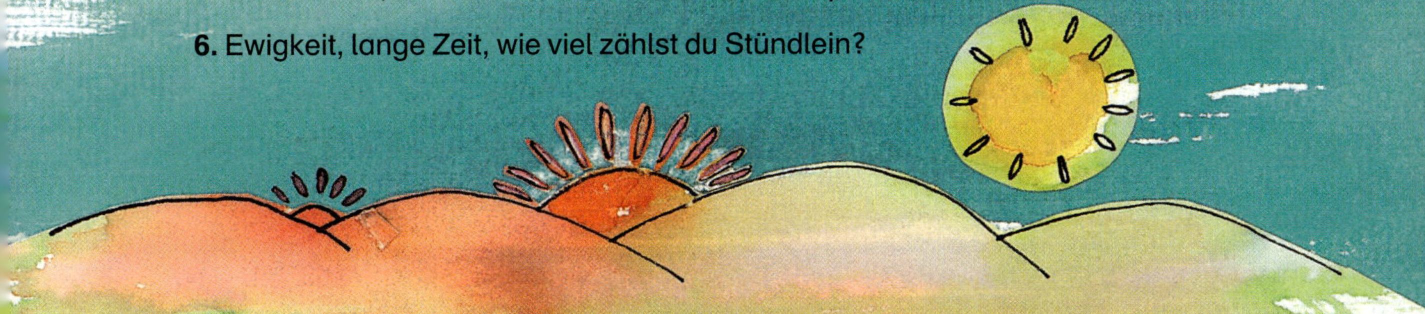

Vom Aufgang der Sonne

M: Paul Ernst Ruppel • T: Psalm 113,3

Händedrücken

M: Manfred Bauer • T: Rolf Krenzer

2. Händeklatschen … Ich klatsche mit der rechten Hand …

3. Fingerschnalzen … Ich schnalze mit der rechten Hand …

4. Lustig winken … Ich winke mit der rechten Hand …

5. Zähneputzen … Ich putze mit der rechten Hand …

6. Schuheputzen … Ich putze mit der rechten Hand …

7. Naseputzen … Ich putze mit der rechten Hand …

Max Krachmach

M: Dorothée Kreusch-Jacob • T: Nortrud Boge-Erli

Max Krachmach lädt alle zum Krachmachen ein. Überall lässt sich etwas finden, womit man Krach machen kann.

Ihr findet sicher noch andere Krachinstrumente. Dichtet dazu selbst eine lustige Liedstrophe!

Plant, wann und wie eure Instrumente spielen sollen, dann wird aus dem Krach …

eine kleine Krachmusik!

2. Susi Schleppe
auf der Treppe
bläst auf einer Flasche
ihre neuste Masche.

3. Familie Mock
singt im ersten Stock,
bimmelt mit zehn Glocken,
ist ganz von den Socken.

4. Tief im Keller
bellt Wolf Höller,
poltert mit den Füßen,
will Max Krachmach grüßen.

Aber:

5. Familie Leise
geht auf Reise,
schleicht sich trippelsacht
aus dem Haus bei Nacht.

Der Wind

M, T und S: Lorenz Maierhofer

2. Man trifft ihn hier und überall,
er liebt wohl jeden Ort,
mal summt er nur, mal heult er wild
und schon ist er wieder fort!

3. Und viele, viele Tänzer, ja,
sie tanzen vor ihm her,
die kleinen Blätter ebenso
wie das große Wolkenmeer!

4. = 1.

Liedbegleitung (gesungen oder gespielt)

Erntedank

M: Manfred Bauer • T: überliefert

Wo is denn es Gergla?

M und T: aus Franken

Hirankl, Horankl,
hupfata Bua,
ziahg de rot Hosn o,
tanz mit da Kuah!

aus Altbayern

Leuchte, leuchte, kleine Laterne

M und T: Rudolf Nykrin

3. Glänze, glänze, kleine Laterne,
glänze hell in dieser Nacht.
Zwischen großen grauen Häusern
strahlt heut eine Lichterpracht.

4. Wiege, wiege, kleine Laterne,
wieg dich sanft in dunkler Nacht.
Kleines Schiff aus Lichterschein,
sollst mein Weggefährte sein.

Mond am Himmel

M: Paul G. Walter • T: Barbara Cratzius

2. Martin auf dem Pferde reitet uns voran.
Kommt, wir holen die Laternen, zünden alle Kerzen an.
3. Martin teilt den Mantel für den armen Mann.
Kommt, wir holen die Laternen, zünden alle Kerzen an.
4. Unser Licht, das leuchtet Hase, Gans und Schwan.
Kommt, wir holen die Laternen, zünden alle Kerzen an.

Nikolaus *M und T: Wastl Fanderl*

2. Hast in dein Sackerl drinn
Apferl und Kern, viel Nussn und Feign,
mei, de mag i gern!

3. Sag zu dein Kramperl glei,
bin no so kloa, er derf mi fei ja net
in Sack einitoa!

Macht die Türen auf *M : Detlev Jöcker • T: Wolfgang Longardt*

2. Tritt herein, tritt herein, schau das Wunder an,
wie ein Kind, wie ein Kind uns verwandeln kann.

3. Jesus kommt, Jesus kommt, lädt zum Frieden ein.
Lass den Streit, lass den Streit, es darf Weihnacht sein.

Kinder, Kinder, tanzt und singt

M und T: aus Tschechien
deutsche Textfassung: Lieselotte Holzmeister

2. Weihnachtsfreude weit und breit; dunkel ist zwar unsre Zeit.
Menschen, fürchtet euch doch nicht! Jesus brachte Gottes Licht.
Hei, don, didel …

3. Glockenspiel und Xylophon geben rechten Weihnachtston.
Flöten, Geigen sind dabei. Bläst ein Hirt vielleicht Schalmei?
Hei, don, didel …

4. Mit den Hirten wie vordem ziehen wir nach Bethlehem.
Musizieren, tanzen, singen: Gott zur Ehre soll es klingen.
Hei, don, didel …

Sternsingerlied

M und T: aus Altbayern

2. Du herzliabes Kindl, vernimm unsa Bitt'!
Sei gnädig, barmherzig; verstoß uns ja nit!
Mir san recht armselig und arme Schiffsleut'.
Gelobt sei Jesus Christus in Ewigkeit.

Kinder, wie die Zeit vergeht

M und T: Wolfgang Spode

3. Kinder, Zeit steht niemals still!
Gestern ist schon lang vorbei.
Immer vorwärts, Schritt für Schritt –
und wir alle müssen mit!

Morgen woll'n wir Schlitten fahren

M und T: überliefert

Wärmt eure Hände
mit eurem Atem.
Atmet unterschiedlich
lange aus.

f ————————

ff – ff – ff – ff – ff

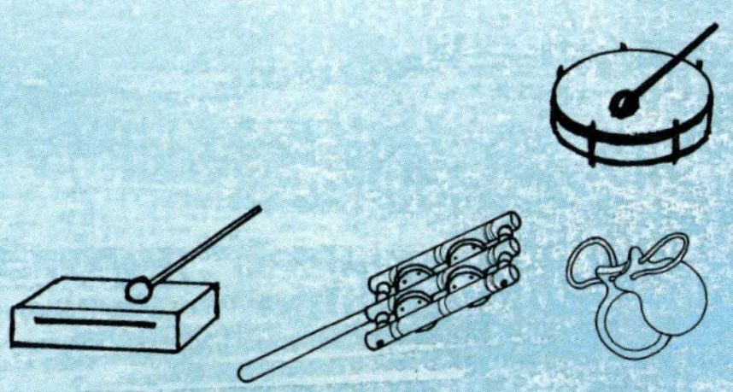

Schneeflöckchen, Weißröckchen

M und T: überliefert

2. Komm, setz dich ans Fenster,
du lieblicher Stern,
malst Blumen und Blätter,
wir haben dich gern.

3. Schneeflöckchen, Weißröckchen,
komm zu uns ins Tal,
dann bau'n wir den Schneemann
und werfen den Ball.

Auf der Mauer, auf der Lauer

M und T: überliefert

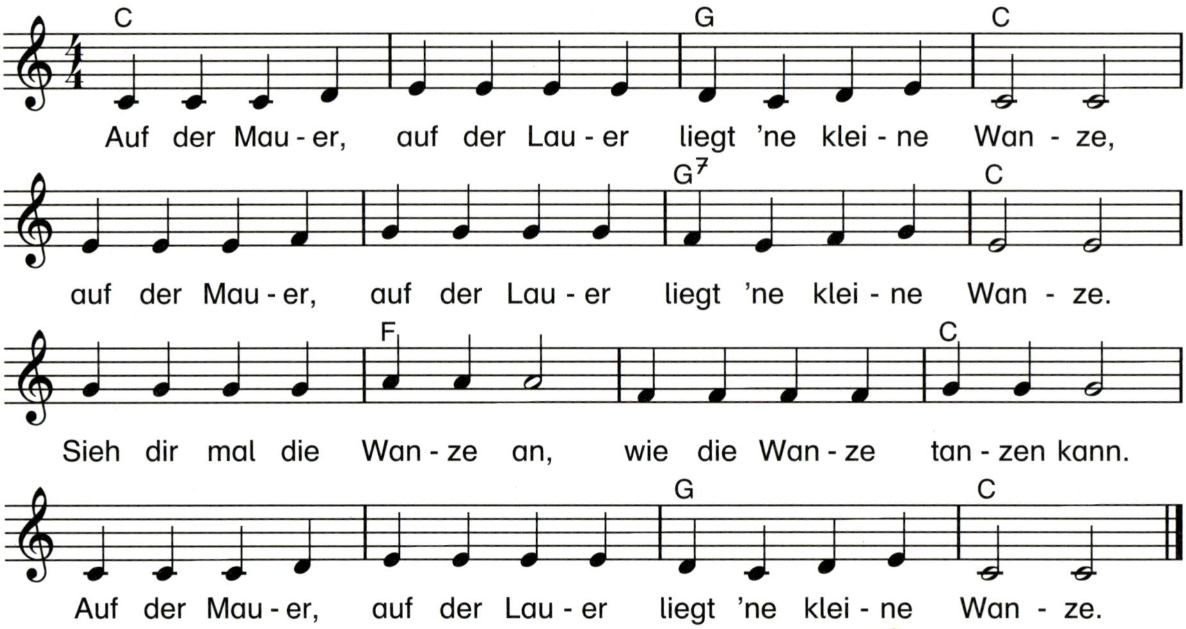

Drei Chinesen

M und T: überliefert

Ihr könnt das Lied auch so singen:

Dra Chanasan mat dam Kantrabass …

Dre Chenesen met dem Kentrebess …

Dri Chinisin mit dim Kintribiss …

Dro Chonoson mot dom Kontroboss …

Dru Chunusun mut dum Kuntrubuss …

(auch ü, ö, eu …)

Higgelty, Piggelty, Pop und Pu

M u. T: Fredrik Vahle

2. Piggelty gab die Richtung an und deshalb war er der Steuermann.
Pop und Pu, die kochten Tee, so fuhren die viere über die See.

3. Und eines Abends gleich hinter Alaska fragt Higgelty Piggelty: Was is'n das da?
Piggelty rief: Ein Pottwal ist das! Und der Pottwal spritzte sie alle nass.

4. Ein Schiff mit Piraten fuhr heran und Piggelty rief: Wir rammen den Kahn!
Die Piraten kriegten ein' Riesenschreck und flohen und flohen und dann war'n se weg.

5. Und einmal, da führte Pop das Steuer, da kam ein furchtbares Seeungeheuer.
Und Pop rief: Komm, ich küsse dich! Da tauchte es weg, denn das mochte es nicht.

6. So fuhren sie wohl sieben Jahr' von Honolulu nach Sansibar,
durch Wind und Wellen und immerzu fuhren Higgelty, Piggelty, Pop und Pu.

7. Doch seht ihr mal einen Schuh am Meer, und es ist,
als ob da was drinnen wär,
und es kichert und quaddelt und quakt immerzu,
sind das Higgelty,
Piggelty,
Pop und
Pu.

Ich kenne einen Cowboy

M und T: überliefert

Das ist ein Kettenlied.
Zwischen den Zeichen werden
die Verse der vorausgegangenen
Strophen immer wieder mitgesungen.
Macht zum Text passende Bewegungen.

April

M und T: Wolfgang Spode

3. Ich wollt' im Garten sitzen
und sah's von ferne blitzen.
Jetzt hör ich schon den Donnergroll –
nun hab ich bald die Nase voll!
April, April …

4. So geht das schon seit Tagen!
Was soll man dazu sagen?
Ich hoffe nur, im Monat Mai
ist dieser Spuk aus und vorbei!
April, April …

Liebe Mutter, liebe Mutter

M: Herbert Beuerle • T: Rudolf Otto Wiemer

2. Liebe Sonne, liebe Sonne, schein hell und
schein klar und schenke der Mutter ein fröhliches Jahr!

Die Weltraum-Maus

M und T: Volker Rosin

Ich ha - be ei - ne Maus gesehn, die wollt auf Weltraum - rei-se gehn.
Sie packt in ih - ren Kof-fer ein, was man so braucht als Mäu-se-lein:

1. Den Raum-an - zug, - zug, - zug für ih - ren Flug, Flug,
2. Die Bat - te - rie, - rie, - rie für E - ner - gie, - gie,
3. Das Mi - kro - fon, - fon, - fon für ih - ren Ton, Ton,
4. Auch Brot und Speck, Speck, Speck kommt ins Ge - päck, - päck,
5. Die Fla - sche Saft, Saft, Saft, die gibt uns Kraft, Kraft,

Flug, den Raum-an - zug, - zug, - zug für ih - ren Flug.
- gie, die Bat - te - rie, - rie, - rie für E - ner - gie.
Ton, das Mi - kro - fon, - fon, - fon für ih - ren Ton.
- päck, auch Brot und Speck, Speck, Speck kommt ins Ge - päck.
Kraft, die Fla - sche Saft, Saft, Saft, die gibt uns Kraft.

Nach der ersten Zeile wird mit den bereits gesungenen Strophen immer wieder begonnen: Strophe 2 an 1 anhängen, 3 an 2 und 1 und so weiter (anwachsender Kehrvers). Und zum Schluss startet die Rakete: Der Countdown läuft:

10 9 8 7 6 5 4 3 2 1 0

Donnern
Klatschen
Hände patschen
Pfeifen !!!

Wenn Kater Murr spazieren geht

M: Josef Monter • T: Marianne Kaindl

2. Der Murr, der ist ein Großstadtkind, der Murr, der ist nicht dumm!
Er läuft nicht auf die Straße blind. Er guckt sich dreimal um.

3. Seht! An der Kreuzung macht er Halt. Die Ampel leuchtet rot.
Er ist zwar erst acht Monat' alt, doch weiß er, Rot heißt Tod!

4. Die Ampel wird jetzt gelb, dann grün. Der Murr voll Eleganz stapft
mitten durch die Autos hin mit hoch erhobnem Schwanz.

5. Im Park spielt er bis in die Nacht und singt: „Mioooh!" – so schön!
Und wer wie Murr sich nimmt in Acht – darf auch alleine gehn.

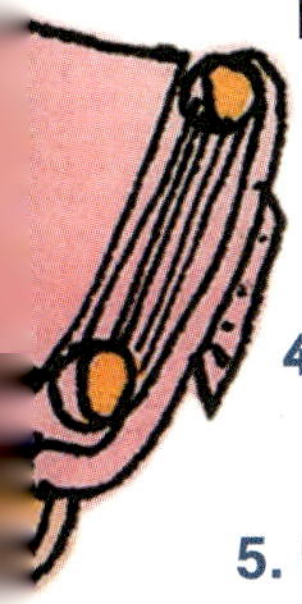

Wie kommt ein Dromedar

M und T: Günther Kretzschmar

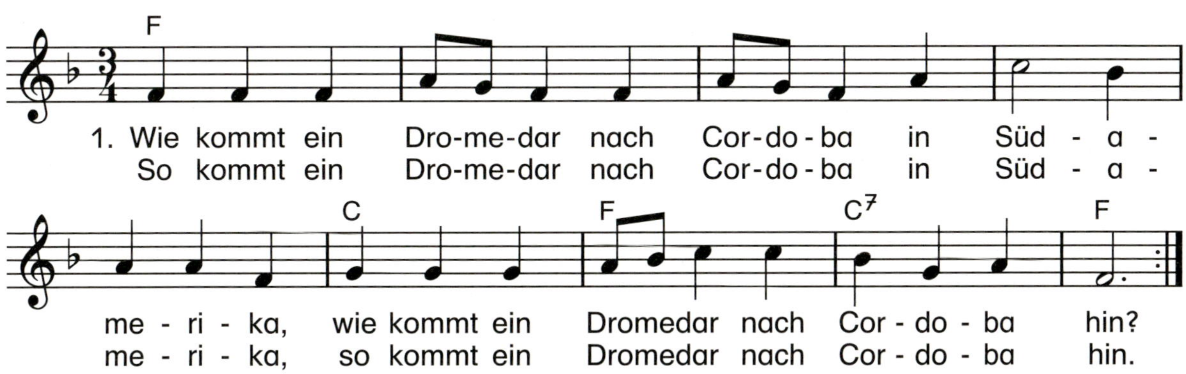

die Fledermaus
ein Leopard
ein Wasserfrosch
ein Pinguin
ein Ziegenbock
ein Krokodil
ein Silberfisch
ein Elefant
ein Schäferhund
die Haselmaus
ein Schmetterling

Wos is heit für a Dog? *M und T: aus der Oberpfalz*

2. Wos is heit für a Dog?
Heit is Diensdog! Heit is Nudldog!
Wann olle Mondog Knödldog,
Diensdog Nudldog wäre,
waar'n ma lust'ge Leit!

3. Wos is heit für a Dog?
Heit is Mittwoch! Heit is Strudldog!
Wann olle Mondog Knödldog,
Diensdog Nudldog,
Mittwoch Strudldog wäre,
waar'n ma lust'ge Leit!

4. Wos is heit für a Dog?
Heit is Donnersdog! Heit is Krautdog!
Wann olle Mondog Knödldog,
Diensdog Nudldog,
Mittwoch Strudldog,
Donnersdog Krautdog wäre,
waar'n ma lust'ge Leit!

5. Wos is heit für a Dog?
Heit is Freidog! Heit is Fastdog!
Wann olle Mondog Knödldog,
Diensdog Nudldog,
Mittwoch Strudldog,
Donnersdog Krautdog,
Freidog Fastdog wäre,
waar'n ma lust'ge Leit!

6. Wos is heit für a Dog?
Heit is Samsdog! Heit is Zoidog!
Wann olle Mondog Knödldog,
Diensdog Nudldog,
Mittwoch Strudldog,
Donnersdog Krautdog,
Freidog Fastdog,
Samsdog Zoidog wäre,
waar'n ma lust'ge Leit!

7. Wos is heit für a Dog?
Heit is Sonndog! Heit is Lumpndog!
Wann olle Mondog Knödldog,
Diensdog Nudldog,
Mittwoch Strudldog,
Donnersdog Krautdog,
Freidog Fastdog,
Samsdog Zoidog,
Sonndog Lumpndog wäre,
waar'n ma lust'ge Leit!

Ich bin der Ohrwurm

T und M: Wolfgang Spode

2. Ich bin der Ohrwurm …
Ich hab 'ne Tröte, Tröte, 'ne laute Tröte.
Hört ihr mich singen, spielen von früh bis spät?

3. Flöte
4. Tamburin
5. Glockenspiel
6. Heulschlauch

letzte Strophe (nur einmal singen):

Ich bin der Ohrwurm ...
Bin müd vom Singen, Spielen, ich kann nicht mehr!

Auf dem Berg
steht ein Zwerg,
der ruft in den Wald:
„Mir ist so kalt!"
Schnell springt er munter
den Berg hinunter.

Renate Steiner

Zwanzig Zwerge

T und R: Wolfgang Hering

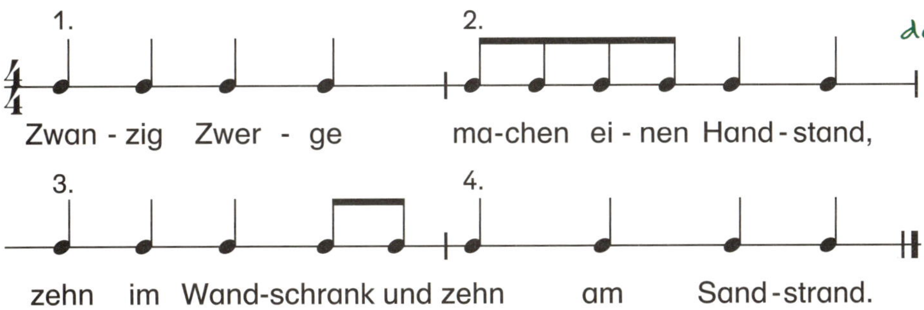

Hier kommt die Welle

M: aus Chile • T: Eckart Bücken

Hey, hello, bonjour, guten Tag

M und T: mündlich überliefert

Kanon

In mein Vadern sein Häuserl *M: aus Österreich • T: L. Schuster*

2. Sie rumpumpeln und schlupfen bald her und bald hin,
sie hopsen und hupfen in der Tischladen drin.

3. In mein Vadern sein Häuserl, da fehlt halt die Katz,
sonst wär's für die Mäuserl kein so lustiger Platz.

Wer macht Braten,
der muss raten.
Wer macht Kuchen,
der muss suchen.

In Mutters Stübele *M und T: aus dem Breisgau*

2. Muss fast erfrieren drin vor lauter hm, hm, hm, ... vor lauter Wind.

3. Du nimmst den Bettelsack und ich den ... Korb.

4. Ich geh vors Herrenhaus und du vors ... Tor.

5. Ich krieg ein Apfele und du ein ... Birn.

6. Du sagst „Vergelt es Gott“ und ich sag ... „Dank“.

Dornröschen war ein schönes Kind *M und T: überliefert*

1. Dorn-röschen war ein schönes Kind, schönes Kind, schönes Kind,

Dorn - rös-chen war ein schö-nes Kind, schö - nes Kind.

2. Dornröschen, nimm dich ja in Acht!
3. Da kam die böse Fee herein.
4. „Dornröschen, schlafe hundert Jahr!"
5. Da wuchs die Hecke riesengroß.
6. Da kam ein junger Königssohn.
7. „Dornröschen, wache wieder auf!"
8. Sie feierten das Hochzeitsfest.
9. Da jubelte das ganze Volk.

Liebe Schwester, tanz mit mir *M und T: überliefert*

1. Lie - be Schwester tanz mit mir, bei - de Hän-de reich ich dir.

1.–4. Ein-mal hin, ein-mal her, rundherum, das ist nicht schwer.

2. Mit dem Köpfchen nick, nick, nick,
mit dem Finger tick, tick, tick.

3. Ei, das hast du schön gemacht,
ei, das hätt' ich nicht gedacht.

4. Noch einmal das schöne Spiel,
weil es mir so gut gefiel.

Übersicht über die Hörbeispiele

1/2 Wir stehen im Kreis
3 Hallo, hallo, ich bin da
4 Ja, so ein Zimmer, das ist ein Instrument
5 Guten Tag!
6 Endlich Pause (Sprechchor)
7 Weil du heut Geburtstag hast

8/9 Wenn der Sommer fortgegangen
10 Ich bin der Wind
11 Eine dicke Nuss (Sprechstück)
12 Eine dicke Nuss (Sprechchor)
13 Nusstanz
14/15 Sieben Schwalben
16/17 Regentropfen

18 Tragt in die Welt nun ein Licht
19 Auf dem Weihnachtsmarkt
20 Weihnachtsmarkt-Atmosphäre (Zuordnungsübung)
21 Weihnachtstraum
22 P. I. Tschaikowsky, „Tanz der Rohrflöten“ aus der „Nussknacker-Suite“
23 L. Berio, „Sequenza I für Flöte solo“ (Ausschnitt)
24/25 Komm, mach dich auf den Weg
26 Heut ist gebor'n

27/28 Das Schneemann-Spiel
29 A. Vivaldi, 2. Satz aus dem „Winter“ („Vier Jahreszeiten“)
30 Klangbeispiel Geige solo
31 Klangbeispiel Straßenmusiker
32 Klangbeispiel Streichorchester
33 C. Debussy, „The snow is dancing“ (aus „Children's corner“)
34 Schneeflockentanz
35/36 Das neue Jahr beginnt

37 Knippel, knapp, knorum (Sprechchor)
38/39 Alle Indianer stampfen
40 Stille, stille, schweiget still
41 P. I. Tschaikowsky, „Chinesischer Tanz“ aus der „Nussknacker-Suite“
42/43 Gespenster gespenstern
44/45 102 Gespensterchen

46/47 Endlich ist der Frühling da
48/49 Seifenblasenlied
50 M. Mussorgski, „Ballett der Küchlein in ihren Eierschalen“ (aus „Bilder einer Ausstellung“, Klavierfassung)
51 M. Mussorgski, „Ballett der Küchlein in ihren Eierschalen“ (aus „Bilder einer Ausstellung“, Orchesterfassung)
52 D. Ungerank, „Der Fröhliche“ aus „Sieben Zwerge“, Klangbeispiel Gitarre
53/54 Hasen-Swing

55-64 Geräuschkulisse Wohnung (10 Geräusche)
65-70 Musik in unserer Umwelt (6 Ausschnitte)
71 Hey, hey Wickie (Anfang)
72 Flintstones, meet the flintstones (Anfang)
73 Sagt mal, wo kommt ihr denn her? (Anfang)
74 Hurra, hurra, der Kobold mit dem roten Haar (Anfang)
75 In einem unbekannten Land (Anfang)
76 Eine Insel mit zwei Bergen
77 Siebensprung

78 Sommerlied
79 Wenn der Sommer kommt
80/81 Pussy-cat
82/83 Meine Niccolina
84 Die Schwalbe
85/86 Rabe und Fuchs

87 Schmetterlingstanz („Orientalischer Tanz“ von A. Chatschaturjan)
88/89 Schnurr, schnurr
90 Rumpelstilzchen-Finale („Scaramucce“ von Rondo Veneziano)

Liedanfänge in alphabetischer Reihenfolge

Sprechstücke/Reime

Redaktion: Ute Kister
Gestaltung und technische Umsetzung: Saskia Klemm
Illustrationen: Isabella Roth, Gabriele Heinisch, Birgit Rieger (Cover)
Notensatz: H.-R. Wirth, Berlin
Fotos: Helmut Ölschlegel (siehe auch Bildquellenverzeichnis)

Wir bedanken uns herzlich bei den Schülern der Volksschule Breitengüßbach und der Volksschule Buttenheim, die bei den Fotoaufnahmen mitwirkten.

Bildquellen
S. 24: Stiftung Preußische Schlösser und Gärten Berlin-Brandenburg (Klaus Frahm); S. 25: Archiv für Kunst und Geschichte, Berlin (oben rechts), Bavaria Bildagentur, Hamburg (Mitte); S. 30: Archiv für Kunst und Geschichte, Berlin (2, oben); S. 31: action press, Hamburg (oben Mitte); S. 46: Archiv für Kunst und Geschichte, Berlin (oben), Reinhard-Tierfoto, Heiligkreuzsteinach (Mitte); S. 51: interTOPICS, Hamburg (Konzertsaal); S. 52: Hanna-Barbera © 2000 (Flintstones), EM.TV & Merchandising AG (Wickie, Biene Maja); Merchandising München (Pumuckl); S. 53: © Augsburger Puppenkiste, Elmar Herr; S. 58: aus „e.o. plauen, Vater und Sohn", © Südverlag GmbH Konstanz 2000, mit Genehmigung der Gesellschaft für Verlagswerte, Kreuzlingen/Schweiz, Hintergrund: Corel Library; S. 60: Corel Library; S. 62: Archiv für Kunst und Geschichte, Berlin; S. 64: Cover von: Die kleine Raupe Nimmersatt/von Eric Carle. Hildesheim: Gerstenberg 1999 (oben rechts); S. 65: Reinhard-Tierfoto, Heiligkreuzsteinach (Schmetterling); S. 69: Eva Hampel (Feuer)

Textquellen
S. 27 nach: Feldhaus K./Ring H.: Wo ist Bethlehem? Dülmen: Laumann Verlag 198; S. 38: nach einer Idee von Dorothée Kreusch-Jacob, in: „Tanzlieder". Ravensburg: Ravensburger Buchverlag 1990; S. 47: Gedicht „Begegnung mit dem Frühling" von Helga Penz, in: Musikpraxis 53. Boppard: Fidula; S. 54: Kito Lorenz in: Die Rasselbande. Berlin: Kinderbuchverlag 1983, „Kugel" © Jürgen Spohn; S. 89: Gedicht „Auf dem Berg" aus: Franz und Renate Steiner: Wobu-dobu-klirre-klax. Linz: Veritas Verlag 1998, S. 64/65 aus: Eric Carle: Die kleine Raupe Nimmersatt (gekürzt). Hildesheim: Gerstenberg 1999

Copyright-Verzeichnis für die Lieder
S. 4: Musikverlag zum Pelikan, Hug & Co. Musikverlage, Zürich; S. 5: Schott Musik International, Mainz; S. 6: Musikverlag Pan, Zürich; S. 8: Menschenkinder Verlag, Münster; S. 10: Menschenkinder Verlag, Münster; S. 11 oben: Musikverlag Helbling, Innsbruck; S. 12: © Wolfram Menschick (Melodie); S. 13: Daimonion Verlag, Wiesbaden/Verlag Moritz Diesterweg, Frankfurt/M.; S. 15: Daimonion Verlag, Wiesbaden/F. A. Blumau; S. 16: Zytglogge Verlag, Bern; S. 17: Zytglogge Verlag, Bern; S. 18: Fidula Verlag, Boppard/Salzburg; S. 19: Musikverlag zum Pelikan, Hug & Co. Musikverlage, Zürich; S. 20: Verlag Ernst Kaufmann, Lahr, S. 21: Christophorus-Verlag, Freiburg; S. 22: Impulse-Musikverlag, Drensteinfurt; S. 26: © Roland Dauth; S. 27: Schott Musik International, Mainz; S. 29: Fidula Verlag, Boppard/Salzburg; S. 33: Gustav Bosse Verlag, Kassel (Melodie); S. 34: © Erhard Hirmer (Melodie); S. 37: Fidula Verlag, Boppard/Salzburg; S. 38/39: © Dorothée Kreusch-Jacob (Bearbeitung); S. 40: Verlag Ernst Kaufmann, Lahr; S. 42: © Schott, Mainz/Kirsten Rickmers-Liebau; S. 44: Verlag Ernst Kaufmann, Lahr; S. 45 © Werner Beidinger; S. 49: © Coppenrath-Verlag, Münster/Rüdiger Urbanek; S. 52: *In einem unbekannten Land:* Florian Cusano (T), Karl Richard Svoboda (M). *Hey, hey, Wickie:* Andrea Wagner (T), Christian Bruhn (M) Edition Junior TV, Filmkunst Musikverlag, München; *Hurra, hurra, der Pumuckl ist da:* Howard Carpendale/Joachim Horn/Ulrich F. Muschler (T + M) Edition Accord, Hamburg/Checkpoint Film- und Musikproduktion Holzkirchen; *Flintstones:* William Hanna/Joseph Barbera/Hoyt Curtin (T + M) Barbera-Hanna Musik/EMI Music Publishing Germany, Hamburg; *Sagt mal, wo kommt ihr denn her:* Frank Dostal (T), Pierre Kartner (M).Kartner Songs/Dutchy Publishing/EMI Music Publishing Germany, Hamburg; S. 53: Macht die Musik Musikverlag/Musik-Edition Discoton, München/Thienemanns Verlag, Stuttgart; S. 56: © Elisabeth Unkel; S. 59: MUSIK FÜR DICH Rolf Zuckowski, Hamburg; S. 60 unten: Worpsweder Musikwerkstatt (dt. Text); S. 61 oben: © Irmgard Krauthoff (Nachdichtung), S. 63: Boosey & Hawkes. Bote & Bock, Berlin; S. 71 unten: Möseler Verlag, Wolfenbüttel (Melodie); S. 72: Manfred Bauer/Rolf Krenzer; S. 73: Patmos Verlag, Düsseldorf/Nortrud Boge-Erli; S. 74: © Lorenz Maierhofer; S. 75: Religionspädagogische Arbeitshilfen, Landshut (Melodie); S. 77 oben: Schott Musik International, Mainz; S. 77 unten: Möseler Verlag, Wolfenbüttel; S. 78 oben: Ehrenwirth Verlag, München; S. 78 unten: Menschenkinder Verlag, Münster; S. 79: Fidula Verlag, Boppard/Salzburg (Textübertragung); S. 80 unten: Fidula Verlag, Boppard/Salzburg; S. 83: Aktive Musik Verlagsgesellschaft, Dortmund; S. 85 oben: Fidula Verlag, Boppard/Salzburg; S. 85 unten: Strube Verlag, München-Berlin/Rudolf Otto Wiemer; S. 86: Moon-Records-Verlag, Düsseldorf; S. 87 oben: Fidula Verlag, Boppard/Salzburg; S. 87 unten: Fidula Verlag, Boppard/Salzburg; S. 89 oben: Fidula Verlag, Boppard/Salzburg; S. 89 unten: © Wolfgang Hering; S. 90 oben: Kontakte Musikverlag, Lippstadt; S. 91 oben: © Ludwig Schuster

Wir haben uns nach bestem Wissen bemüht, alle Rechteinhaber ausfindig zu machen. In den Fällen, in denen uns das nicht gelungen ist, können berechtigte Ansprüche selbstverständlich dem Verlag gegenüber geltend gemacht werden.

Cornelsen online http://www.cornelsen.de

1. Auflage € Druck 5 4 3 2 Jahr 04 03 02 01

Alle Drucke dieser Auflage sind inhaltlich unverändert und können im Unterricht nebeneinander verwendet werden.

Druck: CS-Druck Cornelsen Stürtz, Berlin

ISBN 3-464-02935-2

Bestellnummer 29352

Gedruckt auf säurefreiem Papier, umweltschonend hergestellt aus chlorfrei gebleichten Faserstoffen.